HARRAP'S

Parler **le roumain** en voyage

Jacques Bouët
Llinca Țăranu

HARRAP

21, rue du Montparnasse
75283 Paris Cedex 06

HARRAP's® est une marque de Larousse SAS.
www.harrap.com

ISBN 978-2-81-870330-4

Direction du département Dictionnaires et Encyclopédies :
Carine Girac-Marinier

Direction éditoriale : Claude Nimmo

Suivi éditorial : Beata Assaf

Mise à jour : Elena Budea

Informatique éditoriale : Dalila Abdelkader

Conception graphique : Sophie Rivoire

Mise en page : Les PAOistes

Fabrication : Rebecca Dubois

Édition précédente

Direction éditoriale : Anna Stevenson

TABLE DES MATIÈRES

Abréviations ... 6

Introduction ... 7

Prononciation ... 8

Grammaire ... 11

Pour tous les jours ... 22

- Formules de base ... 22
- Problèmes de compréhension ... 25
- Parler de la langue ... 26
- Demander son chemin ... 27
- Se présenter, parler de soi ... 30

Faire connaissance ... 30

- Parler de son séjour ... 32
- Garder contact ... 33
- Échanger ses impressions ... 34
- Parler du temps qu'il fait ... 36

Voyager, se déplacer ... 38

- En avion ... 40
- En train, car, bus, métro, tramway ... 42
- En voiture ... 44
- En bateau ... 48

Table des matières

Hébergement 49
Hôtel et chambre d'hôtes 51
Location 54
Camping 55
Boire et manger 57
Réserver une table 59
Commander à manger 60
Au café 62
L'addition 63
La cuisine 65
Les différents types de restaurants et pâtisseries 67
Entrées froides 67
Entrées chaudes 68
Soupes 68
Plats chauds 69
Viandes 70
Poissons 70
Salades 70
Garnitures 71
Desserts 71
Glossaire de l'alimentation 72
Sortir 75
Proposer, inviter 76
Se retrouver 77
Cinéma, spectacles, concerts 78
Fêtes, soirées, discothèques 80

Visites touristiques 83
Musées, expositions et monuments 85
Impressions 87
Sports et jeux 88
Randonnée 90
Ski 91
Autres sports 92
Jeux de société 93
Courses et shopping 94
Payer 96
Alimentation 97
Habillement 99
Souvenirs et cadeaux 100
Photo 102
La banque 105
La poste 107
Internet 110
Téléphone 112
Formules usuelles 114
Problèmes 116
Santé 118
Chez le médecin 120
À la pharmacie 122
Problèmes, urgences 124
Police 126
L'expression du temps 128

Table des matières

La date, l'heure, le temps 128
La date 130
L'heure 132
les nombres 136

Dictionnaire français – roumain 138
Dictionnaire roumain – français 164
Fêtes et jours fériés 186
Adresse et numéros utiles 188

Abréviations utilisées dans ce guide

adj	adjectif
adv	adverbe
f	féminin
fpl	féminin pluriel
inv	invariable
m	masculin
mf	masculin et féminin
mpl	masculin pluriel
n	nom
pl	pluriel
sing	singulier
v	verbe

INTRODUCTION

Cette toute nouvelle édition du guide de conversation franco-roumain Harrap est destinée à tous ceux qui souhaitent communiquer avec les habitants lors de leur séjour à l'étranger. Claire, allant à l'essentiel, elle vous aidera à faire les premiers pas pour dépasser la barrière de la langue et entrer en contact avec les gens du pays.

Dans chacune des rubriques, ce guide vous propose une liste de mots utiles ainsi qu'une série de phrases et d'expressions courantes : vous entendrez ou vous lirez certaines d'entre elles, d'autres vous permettront de vous exprimer. Vous vous ferez alors comprendre sans effort grâce à une transcription phonétique très simple, spécialement adaptée à l'utilisateur français.

Avec les quelque 4000 mots du mini-dictionnaire bilingue, les plus curieux pourront compléter ou décliner ces structures élémentaires afin de nouer une conversation.

Des indications sur la culture et les pratiques locales, quelques informations utiles sont là pour vous faire gagner du temps. Réservez vos vacances aux loisirs et à la découverte ! Vous trouverez dans ce guide un lexique gastronomique qui vous aidera à découvrir la cuisine du pays et les principaux plats régionaux.

Maintenant, à vous de jouer !

PRONONCIATION

Prononciation et intonation

pour chaque phrase donnée en roumain dans ce guide, vous trouverez sa prononciation indiquée en italique. En lisant simplement cette transcription phonétique, vous pourrez vous faire comprendre par un roumanophone. Certains sons du roumain n'existant pas en français, nous avons utilisé des codes pour les retranscrire. N'hésitez pas à demander aux roumanophones qu'ils vous répètent les sons que vous avez du mal à prononcer. Soyez très attentifs à placer l'accent tonique sur les voyelles qui apparaissent en caractères gras. L'accent est mobile en roumain et non fixe comme en français et peut avoir une fonction grammaticale importante.

Attention, il n'existe pas de nasales en roumain : dans **an**, **en**, **in** et **on**, on doit prononcer la voyelle puis le **n**, comme en italien ou en allemand.

Remarques sur les voyelles

Deux sons vocaliques du roumain n'existent pas en français :

- **ă**, transcrit *eu* : prononcez un *o* sans arrondir les lèvres (son proche du *eu* de "feu").

- **â** et **î**, transcrits *ou* : prononcez *ou* sans arrondir les lèvres. Ces deux lettres ont exactement la même prononciation, mais **î** apparaît à l'initiale ou à la finale des mots, et **â** à l'intérieur des mots.

Le **e** roumain se prononce *é* ou *è*, jamais *e/eu*. À l'initiale de certains mots (sauf les néologismes) ou de certaines syllabes, il est prononcé *yé* (*é* mouillé). Ainsi, les pronoms **el**, **ea**, **ei** et **ele** (il, elle, ils, elles) se prononcent *yèl, ya, yèy, yélé*, le verbe **este** (il est) *y***è***sté*, et son imparfait **era** (il était) *yér***a**.

Le **-i** final après consonne (marquant notamment le pluriel ou la 2e personne des verbes) est très souvent muet (sauf s'il s'agit de la finale d'un infinitif). Ainsi, un mot comme **pomi** doit être considéré comme constitué d'une seule syllabe (*pom*) et non de deux (*po-mi*).

Toutefois, un **i** final après une consonne + **l** ou **r** doit être prononcé : ainsi, **afli** et **codri** comptent deux syllabes (**a**-*fli*, *k***o**-*dri*).

À la finale, deux **i** successifs (**-ii**) se prononcent **i***y* : **librării** *libreuriy*

Trois **i** finaux successifs (**-iii**) se prononcent de la même manière : **copiii** *kopiy*

Remarques sur les semi-voyelles et diphtongues

Les prononciations diphtonguées (avec des voyelles qui ont fonction de consonne en début ou en fin de syllabe) sont très fréquentes en roumain :

- Semi-voyelle **e-** (dans la diphtongue **ea**), inexistante en français : **mea** *mé***a** (en une seule syllabe, alors qu'en français, se prononce en deux syllabes)

- Semi-voyelle **i-/-i** : **iei** *yèy*, **ceai** *tchéay* (en un seule syllabe)

- Semi-voyelle **o-** : **poate** *pw***a***té*

- Semi-voyelle **u-/-u** : **uite** *w***i***té*, **restaurant** *rèst***a***wrant*

Retenez également les diphtongues suivantes, très courantes :

- **ăi**, transcrit *euy*, se prononce presque comme "œil"

- **îi**, transcrit *ouy*, se prononce presque comme "ouille"

- **ui**, transcrit *ouy*, se prononce exactement comme "ouille"

- **ău** se prononce presque comme *euw*

- **îu** se prononce presque comme *ouw*

Dans certains cas, il n'y a pas diphtongue et il faut alors prononcer en deux syllabes (avec hiatus) :

aici *a-y***i***tch* (et non *aytch* monosyllabique), **ziare** *zi-y***a***-ré* (et non *zy***a***-ré*), mie *m***i***-yé* (et non *my***é**)

Remarques sur les consonnes

Comme en italien, **c** et **g** se prononcent *tch* et *dj* devant **e** ou **i**, et *k* et *gu* devant toute autre voyelle (y compris **î**) : **cinema** *tchiném***a**, **general** *djénér***a***l*, mais **cât** *kout*, **gât** *gout*

Pour obtenir les sons *ké/ki* et *gué/gui*, on met un **h** entre la consonne **c** ou **g** et la voyelle **e** ou **i** : **pachet** *pak***è***t*, **ghitară** *guit***a***reu*

Si **che** et **ghe** sont suivis d'une autre voyelle, ils se prononcent mouillés : **cheamă** *ky***a***meu*, **Gheorghe** *gy***o***rgué*

Prononciation

Le **h** roumain, transcrit *H*, n'est jamais muet ni aspiré. Il se prononce comme une "jota" espagnole un peu adoucie, ou encore comme le "ch" de "Bach" en allemand : **hôtel** *Hot**è**l*

Le **r** roumain est légèrement roulé, mais certains Roumains le prononcent grasseyé.

Le **s** roumain se prononce toujours *s*, jamais *z*, même entre deux voyelles : **masă** *m**a**seu* (et non *m**a**zeu*)

Le s avec cédille (**ş**) correspond au "ch" français.

Le t avec cédille (**ţ**) correspond au "ts" de "tsigane".

Alphabet

Voici comment épeler les lettres de l'alphabet en roumain :

a *a* (ouvert)
ă *eu kou keutchioul**i**tseu*
â *ou din a*
b *bé*
c *tché*
d *dé*
e *é*
f *fé*
g *gué*
h *Ha*
i *i*
î *ou din i*
j *jé*
k *ka*
l *lé*
m *mé*
n *né*
o *o*
p *pé*
q *kiou*
r *ré*
s *sé*
ş *ché*
t *té*
ţ *tsé*
u *ou*
v *vé*
w *d**ou**blou vé*
x *iks*
y *i grèk*
z *zé*

Les lettres **k**, **q**, **w** et **y** sont utilisées pour les mots d'origine étrangère.

GRAMMAIRE

L'**article indéfini** masculin se traduit par **un**, et le féminin par **o** :

un étudiant un student, une étudiante o studentă

La forme plurielle "des" se traduit théoriquement par **nişte**, ou n'est pas traduite (**Ø**) :

des étudiants/étudiantes nişte studenţi/studente ou Ø studenţi/studente

Attention, la forme plurielle **nişte** est aussi utilisée devant un nom singulier pour rendre le partitif français "du" :

j'ai apporté du pain am adus nişte pâine

L'**article défini** prend la forme d'une désinence accolée à la fin du radical (postposée) :

- **-ul** ou **-le** pour les noms masculins singuliers :
  un étudiant student → l'étudiant student**ul**
  un frère un frate → le frère frate**le**
- **-a** ou **-ua** pour les noms féminins singuliers :
  une étudiante o studentă → l'étudiante student**a**
  un livre o carte → le livre carte**a**
  un café o cafea → le café cafea**ua**
- **-i** pour les noms masculins pluriels :
  des étudiants nişte studenţi → les étudiants studenţi**i**
- **-le** pour les noms féminins pluriels :
  des étudiantes nişte studente → les étudiantes studente**le**

Après une préposition, un nom non accompagné d'un déterminant ne prend pas l'article défini :

le livre est sur le bureau cartea e pe birou (litt. "sur bureau")

La langue roumaine n'est pas à proprement parler une langue à déclinaisons, mais elle marque systématiquement à la désinence deux oppositions casuelles : le **nominatif-accusatif** et le **génitif-datif**.

Le **nominatif** et **l'accusatif** sont marqués par la désinence **Ø**.
Toutefois, devant des noms désignant des personnes définies et connues des interlocuteurs, il est obligatoire de marquer l'accusatif par la préposition **pe** (*objet direct prépositionnel*) :

j'ai vu un directeur [quelconque] am văzut un director (sans préposition pe)
tu as vu le directeur ? l-ai văzut **pe director**? (litt. "tu l'as vu directeur ?")
tu as vu Paul ? l-ai văzut **pe Paul**? (litt. "tu l'as vu Paul ?")

Le **génitif** et le **datif** sont marqués par une désinence commune qui prend selon les cas les formes suivantes :

- **Article défini génitif-datif** : désinence **-lui** pour les noms masculins singuliers, **-i** pour les noms féminins singuliers, et **-lor** pour les noms pluriels :
  le stylo de l'étudiant/de l'étudiante stiloul studentu**lui**/studente**i**
  l'arrivée des touristes sosirea turişti**lor**
- **Article indéfini génitif-datif** : **unui** pour les noms masculins singuliers, **unei** pour les noms féminins singuliers, **unor** pour les pluriels :
  le stylo d'un étudiant/d'une étudiante stiloul **unui** student/**unei** studente
- Au féminin singulier, noms et adjectifs marquent le génitif-datif par la désinence du pluriel :
  l'arrivée d'un ami français sosirea unui prieten francez
  → l'arrivée d'une amie française sosirea unei priete**ne** franţuzoai**ce** (nom et adjectif au pluriel)

Le **vocatif** n'est pas systématiquement marqué, mais peut l'être au masculin par les désinences **-e** ou **-ule** et parfois au féminin par **-o** :

où allez-vous, Monsieur/Madame ? unde mergeţi, domnule/doamnă?

Les **noms** sont répartis en trois genres : **masculin, féminin** et **neutre.**

Au singulier, la majorité des noms masculins et neutres finissent par "consonne + Ø" et la majorité des noms féminins par "consonne + ă" :

étudiant student, étudiante studentă

Il existe cependant une grande diversité de finales et le genre des noms doit donc être appris à force de pratique ou en consultant le dictionnaire. À cet effet, prenez l'habitude de faire précéder les noms de l'article indéfini au singulier et du numéral "deux" au pluriel, lequel s'accorde avec le nom puisqu'il a une forme masculine (**doi**) et une forme féminine (**două**).

Retenez les modèles suivants, qui illustrent les finales typiques de chaque genre :

- **Noms féminins** : o doamnă une dame, o carte un livre, o femeie une femme, o şosea une chaussée
- **Noms masculins** : un domn un monsieur, un frate un frère, un ministru un ministre, un fiu un fils, un unchi un oncle, un pui un poussin, un tată un père
- **Noms neutres** (finales semblables à celles des noms masculins) : un scaun un siège, un nume un nom, un timbru un timbre, un fotoliu un timbre, un unghi un angle, un tramvai un tramway

Les néologismes comme taxi, radio, cinéma, atu, tabu sont des noms neutres.
Comme "amour" et "délice" en français, les **noms neutres** ont en fait deux genres : masculin au singulier et féminin au pluriel. Ceci apparaît clairement si on énonce un mot neutre précédé de la forme féminine du numéral "deux" (**două**) :

un hôtel **un hotel** → deux hôtels **două hoteluri** (et non doi hoteluri)

En passant du singulier au **pluriel**, les noms, adjectifs et pronoms changent de désinence, ce qui entraîne très souvent le changement d'une voyelle ou d'une consonne du radical (voir plus bas).

- Le pluriel des mots masculins est en **-i** :
  un arbre fruitier un pom → deux arbres doi pomi
  un frère un frate → deux frères doi fraţi
- Le pluriel des mots féminins est en **-i**, **-e** ou **-le**. Aucune règle stricte ne permet de prévoir si le pluriel sera en -i ou -e. Il faut donc apprendre la terminaison du pluriel pour chaque mot féminin ou la chercher dans le dictionnaire. En revanche, seuls les mots à finale en -a accentué prennent la terminaison -le :
  une voiture o maşină → deux voitures două maşini
  une table o masă → deux tables două mese
  une étoile o stea → deux étoiles două stele

- Le pluriel des mots neutres est en **-e**, **-uri** ou **-i**. Aucune règle stricte ne permet de prévoir si le pluriel sera en -e ou -uri. Il faut donc apprendre la terminaison du pluriel pour chaque mot neutre ou la chercher dans le dictionnaire. En revanche, seuls les mots neutres en -iu prennent la terminaison -i :
  un fruit un fruct → deux fruits două fructe
  un hôtel un hotel → deux hôtels două hoteluri
  un fauteuil un fotoliu → deux fauteuils două fotolii

Soyez particulièrement attentifs aux très nombreux cas où **le radical est modifié** lorsqu'un mot passe du singulier au pluriel.

Changements consonontiques :

Les consonnes suivantes changent systématiquement lors du passage au pluriel en -i (sauf néologismes) :

-c → **-ci** sac → saci (c prononcé *tch*)
-d → **-zi** stradă → străzi
-g → **-gi** coleg → colegi (g prononcé *dj*)
-l → **Ø** copil → copii
-s → **-şi** urs → urşi
-t → **-ti** student → studenți
-z → **-ji** obraz → obraji
-sc → **-şti** mască → măşti
-st → **-şt** ministru → miniştri

Changements vocaliques :

Les voyelles suivantes (qui portent pour la plupart l'accent tonique) changent presque toujours lors du passage au pluriel en -i ou -e (sauf néologismes) :

-a → **-ă-** gară → gări
-a- → **-e-** masă → mese
-ă- → **-e-** măr → mere/meri
-â- → **-i-** cuvânt → cuvinte
-e- → **-ea-** dimineață → dimineți
-o → **-oa-** creion → creioane

Dans certains cas, les changements dans le radical affectent deux voyelles, ou une voyelle et une consonne :

tânăr → tineri (**-â-** → **-i-** et **-ă-** → **-e-**)
carte → cărți (**-a-** → **-ă-** et **-t-** → **-ț-**)

Tous les **adjectifs** (qualificatifs, possessifs, démonstratifs etc.) s'accordent en genre et en nombre (et en cas au génitif-datif féminin singulier, voir plus haut) avec les noms qu'ils déterminent. Comme pour les noms, le pluriel des adjectifs implique un changement de terminaison et souvent une modification du radical. Mais la terminaison du pluriel de l'adjectif accordé ne sera pas toujours la même que celle du nom :

> une bonne voiture o maşină bună → deux bonnes voitures două maşin**i** bun**e**

L'accord en cas au génitif-datif féminin singulier se fait avec la terminaison du pluriel :

> la roue d'une bonne voiture → roata unei maşini bune [et non unei maşină bună]

Notez que les adjectifs qualificatifs se placent le plus souvent après le nom.

Les **adjectifs possessifs** s'accordent en genre, en nombre (et en cas au féminin singulier) avec l'objet possédé. Ils se placent toujours après le mot qu'ils déterminent, lequel porte obligatoirement l'article défini postposé.

Exemple avec "collègue" :

mon/ma/mes	coleg**ul meu**, coleg**a mea**, colegi**i mei**, colege**le mele**
ton/ta/tes	coleg**ul tău**, coleg**a ta**, colegi**i tăi**, colege**le tale**
son/sa/ses	coleg**ul său**, coleg**a sa**, colegi**i săi**, colege**le sale**
notre/nos	coleg**ul nostru**, coleg**a noastră**, colegi**i noştri**, colege**le noastre**
votre/vos	coleg**ul vostru**, coleg**a voastră**, colegi**i voştri**, colege**le voastre**
leur/leurs	coleg**ul lor**, coleg**a lor**, colegi**i lor**, colege**le lor**

À la 3e personne du singulier, on préfère employer la forme du génitif du pronom personnel. Par exemple, pour dire "son/sa/ses collègue(s)", plutôt que d'employer les formes ci-dessus, on dira colegul/colega/colegii/colegele lui/ei ("le/la/les collègue(s) de lui/d'elle").

Le vouvoiement est rendu par dumneavostră ("de vous", même forme qu'au nominatif-accusatif) :

colegul/colega/colegii/colegele dumneavoastră votre/vos collègue(s)

Grammaire

Pronoms personnels sujet et objet direct (nominatif-accusatif)

Sujet	Objet direct prépositionnel disjoint	Objet direct conjoint	
je	**eu**	**pe mine**	**mă**
tu	**tu**	**pe tine**	**te**
il, elle	**el, ea**	**pe el, pe ea**	**îl, o**
nous	**noi**	**pe noi**	**ne**
vous	**voi/dumneavostră**	**pe voi/ dumneavostră**	**vă**
ils, elles	**ei, ele**	**pe ei, pe ele**	**îi, le**

Les pronoms objets disjoints (comme moi/toi/lui etc. en français) sont systématiquement précédés de la préposition pe et après toute autre préposition, le disjoint reste à l'accusatif. Exemples :

elle, je ne la comprends pas bien pe ea, nu o înţeleg bine
lui/elle, vous devriez l'attendre pe el/pe ea ar trebui să îl/o aşteptaţi
eux, ils ont été très gentils avec moi ei au fost foarte drăguţi cu mine

Comme en français (me → m' etc.), les formes conjointes se contractent devant certaines voyelles (notamment au passé composé, devant l'auxiliaire). Elles sont alors reliées au mot qui suit par un trait d'union :

m-a văzut il m'a vu, te-a văzut il t'a vu, l-a văzut il l'a vu, ne-a văzut il nous a vus, v-a văzut il vous a vu(s), i-a văzut il les a vus, le-a văzut il les a vues

Exception : a văzut-o il l'a vue

Après des mots grammaticaux comme la négation nu ou la conjonction să, les formes conjointes commençant par une voyelle se contractent de la façon suivante :

nu-l văd je ne le vois pas
n-o văd je ne la vois pas
nu-i văd je ne les vois pas (eux)
nu le văd je ne les vois pas (elles)

doresc să-l văd je désire le voir
doresc s-o văd je désire la voir
doresc să-i văd je désire les voir (eux)
doresc să le văd je désire les voir (elles)

Le pronom personnel sujet n'est généralement pas exprimé, sauf pour marquer l'insistance :
Ø cânt je chante
eu cânt moi, je chante **ou** c'est moi qui chante

Il n'y a pas de forme spécifique du pronom sujet neutre. Par conséquent, "il est beau" et "c'est beau" se disent sans distinction : Ø e frumos.

Le vouvoiement est exprimé par le pronom dumneavoastră (litt. "votre seigneurie/vos seigneuries", abrégé dvs à l'écrit) avec un verbe à la 2e personne du pluriel. On marque la politesse également à la 2e personne du singulier avec dumneata (litt. "ta seigneurie"), ou encore à la 3e personne avec dumnealui (litt. "sa seigneurie à lui") et dumneaei (litt. "sa seigneurie à elle").

Pronom personnel destinataire-datif (formes disjointes et conjointes)

à moi, il me donne	mie, îmi dă
à toi, il te donne	ție, îți dă
à lui/elle, il lui donne	lui/ei, îi dă
à nous, il nous donne	nouă, ne dă
à vous, il vous donne	vouă, vă dă
à eux/elles, il leur donne	lor, le dă

Les formes conjointes au datif se contractent de la même façon que les formes conjointes à l'accusatif (voir plus haut).

Le **pronom réfléchi** objet et destinataire-datif n'est distinct des formes non-réfléchies ci-dessus qu'aux 3e personnes du singulier et du pluriel :
il/elle/ils/elles se promène(nt) **se** plimbă
il/elle/ils/elles s'achète(nt) une voiture **îşi** cumpără o maşină

Les **pronoms possessifs** se forment en plaçant un article spécifique devant l'adjectif possessif :

le mien/la mienne/les miens/miennes	al meu, a mea, ai mei, ale mele
le tien/la tienne/les tiens/tiennes	al tău, a ta, ai tăi, ale tale
le sien/la sienne/les siens/siennes (possesseur réfléchi*)	al său, a sa, ai săi, ale sale al lui, a lui, ai lui, ale lui (possesseur masculin) al ei, a ei, ai ei, ale ei (possesseur féminin)
le/la nôtre/les nôtres	al nostru, a noastră, ai noştri, ale noastre

le/la vôtre/les vôtres	al vostru, a voastră, ai voştri, ale voastre (vous collectif) al/a/ai/ale dumneavoastră (vous de politesse)
le/la leur/les leurs	al lor, a lor, ai lor, ale lor

* Si l'on met l'emphase sur le rapport réfléchi plutôt que le sexe du possesseur, on dira :

maşina aceea este a sa (proprie) cette voiture-là c'est la sienne (sa propre voiture)

Si l'on veut au contraire préciser le sexe du possesseur, on dira :

maşina aceea este a lui/a ei cette voiture-là c'est la sienne (à lui/à elle)

On distingue à l'indicatif présent quatre grands groupes de **verbes** suivant la voyelle finale de l'infinitif et la place de l'accent tonique (signalé en gras ci-dessous) qui se déplace sur la finale aux groupes 1, 3 et 4 et reste sur le radical au groupe 3. L'infinitif est précédé de la particule a, comme “to” en anglais.

Modèles pour l'**indicatif présent** :

Groupe 1	Groupe 2	Groupe 3	Groupe 4
a sun**a** sonner	a tăc**ea** se taire	a m**e**rge aller	a fug**i** courir
s**u**n	t**a**c	m**e**rg	f**u**g
s**u**ni	t**a**ci	m**e**rgi	f**u**gi
s**u**nă	t**a**ce	m**e**rge	f**u**ge
sun**ă**m	tăc**e**m	m**e**rgem	fug**i**m
sun**a**ţi	tăc**e**ţi	m**e**rgeţi	fug**i**ţi
s**u**nă	t**a**c	m**e**rg	f**u**g

Certaines voyelles et consonnes du radical changent sous l'influence de la désinence.

Un infixe -**e**z- s'intercale entre le radical et la désinence de nombreux verbes du groupe 1. Cet infixe change sous l'influence de la désinence et disparaît aux 1re et 2e personnes du pluriel :

a lucr**a** travailler : lucr**e**z, lucr**e**zi, lucre**a**ză, lucr**ă**m, lucr**a**ţi, lucre**a**ză

Un infixe **-esc-** s'intercale entre le radical et la désinence de nombreux verbes du groupe 4. Il change sous l'influence de la désinence et disparaît aux 1er et 2e personnes du pluriel :
a cit**i** lire : cit**e**sc, cit**e**şti, cit**e**şte, cit**i**m, cit**i**ţi, cit**e**sc

a ave**a** **avoir**	a fi **être**
am	sunt
ai	**e**şti
are	**e**ste
av**e**m	sunt**e**m
av**e**ţi	sunt**e**ţi
au	sunt

Certaines formes contractées sont employées, surtout à l'oral :
n-am, contraction de la forme négative nu am
îs au lieu de sunt
e (prononcé *yé*) au lieu de **e**ste
nu-i (prononcé *nouy*), contraction de la forme négative nu este
nu-s, contraction de la forme négative nu sunt

La langue roumaine compte sept **verbes irréguliers** :
a da donner : dau, dai, dă, dăm, daţi, dau
a sta rester : stau, stai, stă, stăm, staţi, stau
a lua prendre : iau, iei, ia, luăm, luaţi, iau
a bea boire : beau, bei, bea, bem, beţi, beau
a vrea vouloir : vreau, vrei, vrea, vrem, vreţi, vor
a mânca manger : mănânc, mănânci, mănâncă, mâncăm, mâncaţi, mănâncă
a usca sécher : usuc, usuci, usucă, uscăm, uscaţi, usucă

Comme en français, les **temps du passé** les plus employés sont le passé composé et l'imparfait.

Le **passé composé** est formé de l'auxiliaire a avea (avoir) suivi du participe passé. On emploie des formes réduites de l'auxiliaire à la 3e personne du singulier et aux 1re et 2e personnes du pluriel : am, ai, a, am, aţi, au.

Le **participe passé** (accentué sur la finale) se forme de la façon suivante :

- Pour les verbes des groupes 1 et 4, on ajoute **-t** au radical de l'infinitif (accent tonique sur la finale) :
  a pleca → nous sommes partis am plecat
  a citi → j'ai lu am citit
- Pour les verbes du groupe 2 et une partie des verbes du groupe 3, on ajoute **-ut** au radical de l'infinitif :
  a putea → j'ai pu am putut
  a avea → j'ai eu am avut
  a cere → j'ai réclamé am cerut
- Pour certains verbes du groupe 3, on ajoute **-s** au radical (parfois écourté ou modifié) :
  a rămâne → je suis resté am rămas
  a înțelege → j'ai compris am înțeles

L'**imparfait** est formé des désinences suivantes, qui portent toutes l'accent tonique :
Verbes du groupe 1 : sun**am**, sun**ai**, sun**a**, sun**am**, sun**ați**, sun**au**
Verbes des groupes 2, 3, 4 : merge**am**, merge**ai**, merge**a**, merge**am**, merge**ați**, merge**au**

Le **futur** est un temps composé dont il existe trois formes plus ou moins indistinctement employées :

- voi, vei, va, vom, veți, vor suivi de l'infinitif est la forme la plus littéraire des trois :
  ils partiront demain vor pleca mâine
- o să suivi du subjonctif est plus employé dans la langue parlée :
  ils partiront demain o să plece mâine
- am să suivi du subjonctif s'emploie également dans la langue parlée et peut prendre une nuance de futur immédiat ou indéterminé :
  ils vont partir au să plece

Le **présent du subjonctif** est très employé en roumain. Il se forme avec la conjonction **să** suivie du verbe conjugué comme à l'indicatif présent aux 1re et 2e personnes du singulier et du pluriel. Aux 3e personnes du singulier et du pluriel, la différence avec l'indicatif consiste en une inversion des voyelles :

- si la 3e personne du singulier est en **-ă** à l'indicatif présent, elle est en **-e** au subjonctif (groupe 1).
- inversement, si elle est en **-e**, elle est en **-ă** au subjonctif (groupes 2, 3 et 4).

La désinence de la 3e personne du singulier est identique à celle du pluriel dans chaque groupe.

Le subjonctif s'emploie comme le subjonctif français :
il faut que nous partions trebuie să plecăm

Mais aussi très souvent en lieu et place de l'infinitif complément français :
je veux partir doresc să plec (litt. "je veux que je parte")

Il est aussi très utilisé avec une valeur d'impératif :
allons-y ! hai să mergem!

Le **conditionnel présent** est également un temps composé qui se forme avec un auxiliaire (formes aş, ai, ar, am, aţi, ar) suivi de l'infinitif. Le conditionnel passé est formé du même auxiliaire suivi de fi et du participe passé du verbe :

je voudrais aş dori

Avec la conjonction "si" (dacă), on emploie le conditionnel partout :

si j'avais de l'argent, je voyagerais dacă **aş avea** bani, **aş călători**
si j'avais eu de l'argent, j'aurais voyagé dacă **aş fi avut** bani, **aş fi călătorit**

Le même énoncé peut se formuler à l'imparfait : dacă **aveam** bani, **călătoream**

La **forme interrogative** est marquée en roumain par l'intonation, le plus souvent sans inversion du sujet.

POUR TOUS LES JOURS

Les Roumains sont à la fois très chaleureux et très respectueux dans les relations sociales. En milieu huppé et, parfois même dans la moyenne et petite bourgeoisie, certains continuent de pratiquer le baisemain avec les femmes comme cela se faisait très couramment – si paradoxal que cela puisse paraître – pendant la période communiste. D'ailleurs, pour saluer poliment une dame on dit plutôt **sărut mâna** (littéralement "je vous baise la main") que **bună ziua**. Le contact physique avec son interlocuteur se fait d'une façon plus courante qu'en Europe occidentale : on vous touche en parlant, on vous met la main sur l'épaule ou on vous prend le bras en marchant dans la rue de la façon la plus naturelle du monde. On ne vous tutoiera qu'après vous avoir demandé votre accord. Pour se quitter entre intimes, embrassades, baisers sur les joues et même sur la bouche dans certaines régions (mais ne prenez pas l'initiative !) sont courants ; n'oubliez pas le traditionnel **sănătate!** ("portez-vous bien !"), qui ne se dit pas seulement en trinquant, ou alors **toate cele bune!** ("bien des bonnes choses !") ou encore **cu bine!** (littéralement "avec bien", ellipse pour "qu'on se retrouve dans le bien !").

Formules de base

Pour commencer

à bientôt, à plus tard	pe curând *pé kour**ou**nd*
à demain	pe mâine *pé m**ou**yné*
au revoir	la revedere *la révéd**é**ré*
bonjour (le matin)	bună dimineața *b**ou**neu diminé**a**tsa*
bonjour (l'après-midi)	bună ziua *b**ou**neu z**i**wa*
bonne nuit	noapte bună *nw**a**pté b**ou**neu*
bonsoir	bună seara *b**ou**neu sé**a**ra*
d'accord	bine *b**i**né*
excusez-moi (pour attirer l'attention)	scuzați-mă, vă rog *skouz**a**tsimeu, veu rog*
excusez-moi (pour s'excuser)	vă rog să mă scuzați *veu rog seu meu skouz**a**tsi*

merci mulţumesc *moultsoumèsk*
non nu *nou*
non merci nu, mulţumesc *nou, moultsoumèsk*
ok OK *okèy*
oui da *da*

pardon (Monsieur/Madame/Mademoiselle) scuzaţi-mă (Domnule/Doamnă/Domnişoară) *skouzatsimeu (domnoulé/dwamneu/domnichwareu)*

s'il te plaît te rog *té rog*
s'il vous plaît vă rog *veu rog*

j'aimerais...
mi-ar plăcea...
myar pleutchéa...

nous aimerions...
ne-ar plăcea...
néar pleutchéa...

je voudrais... nous voudrions...
aş vrea...am vrea...
ach vréa...am vréa...

est-ce que tu veux... ?
vrei să...?
vréy seu...?

est-ce que vous voulez... ?
vreţi să...?
vréts seu...?

où est... ?
unde este...?
oundé yèsté...?

où sont... ?
unde sunt...?
oundé sount...?

est-ce qu'il y a un/une... ici ?
este pe aici un/o...?
yèsté pé a-yitch oun/o...?

qu'est-ce que c'est ?
ce e asta?
tché yé asta?

c'est combien ?
cât costă?
kout kosteu?

quand... ?
când... ?
kound...?

comment... ?
cum...?
koum...?

pourquoi... ?
de ce...?
dé tché...?

comment dit-on... en roumain ?
cum se zice în română la...?
koum se zitché oun romouneu la...?

où sont les toilettes, s'il vous plaît ?
unde e toaleta, vă rog?
__ou__ndé yé twa__lé__ta, veu rog?

comment allez-vous ?
ce mai faceţi?
tché may f__a__tchèts?

très bien, merci, et vous-même ?
foarte bine, mulţumesc. şi dumneavoastră?
fw__a__rté b__i__né, moultsoum__è__sk. chi doumnéavw__a__streu?

salut, ça va ?
salut, ce mai faci?
sal__ou__t, tché may f__a__tchi?

ça va, et toi ?
bine, dar tu?
b__i__né, dar t__ou__?

merci beaucoup
mulţumesc frumos
moultsoum__è__sk froum__o__s

il n'y a pas de quoi
nu ai/n-aveţi de ce
nay/nav__è__ts dé tché

ah bon ?
ah!
a!

merde !
futu-i!
__fou__touy!

je suis (vraiment) désolé
îmi pare (tare) rău
oum p__a__ré (t__a__ré) reuw

Comprendre

atenţie	attention
cu plată	payant
deschis	ouvert
gratis	gratuit
ieşire	sortie
interzis...	défense de...
intrare	entrée
intrarea liberă	entrée libre
închis	fermé
rezervat	réservé
WC femei	toilettes (**femmes**)
WC bărbaţi	toilettes (**hommes**)

POUR TOUS LES JOURS

este, există...
il y a...

vă deranjează dacă...?
ça vous dérange si... ?

luați loc, vă rog
asseyez-vous, je vous en prie

bine ați venit
bienvenue

o clipă, vă rog
un moment, s'il vous plaît

Problèmes de compréhension

S'exprimer

est-ce que vous pourriez répéter ?
puteți să repetați?
*pout**è**ts seu répét**a**ts?*

est-ce que vous pourriez parler plus lentement ?
puteți să vorbiți puțin mai rar?
*pout**è**ts seu vorb**i**ts pouts**in** may rar?*

je ne comprends pas
nu înțeleg
*nou ountsél**è**g*

je ne comprends rien
nu înțeleg nimic
*nou ountsél**è**g nimik*

je comprends un petit peu
înțeleg foarte puțin
*ountsél**è**g fw**a**rté pouts**in***

je n'ai pas compris
n-am înțeles
*nam ountsél**è**s*

j'arrive à comprendre le roumain mais je ne peux pas le parler
înțeleg româna, dar nu pot să o vorbesc
*ountsél**è**g rom**ou**na, dar nou pot seu o vorb**è**sk*

je parle à peine le roumain
vorbesc foarte puțin românește
*vorb**è**sk fw**a**rté pouts**in** romoun**è**chté*

j'ai du mal à comprendre
mi-e greu să înțeleg
*my**é** grèw seu ountsél**è**g*

j'ai du mal à parler
mi-e greu să vorbesc
*my**é** grèw seu vorb**è**sk*

est-ce que vous parlez français ?
vorbiți franceza?
*vorb**i**ts frantch**é**za?*

POUR TOUS LES JOURS

pardon ?
scuzați?
*skouz**a**ts ?*

quoi ?
ce?
tché?

comment est-ce qu'on dit... en roumain ?
cum se zice... în românește?
*koum se z**i**tché... oun romoun**è**chté?*

comment ça s'écrit ?
cum se scrie asta?
*koum se skr**i**yé **a**sta?*

comment on appelle ça ?
cum se numește asta?
*koum se noum**è**chté **a**sta?*

est-ce que vous pourriez l'écrire ?
puteți să îmi scrieți asta ?
*pout**è**ts seu oum skr**i**yèts **a**sta?*

Comprendre

înțelegeți româna?
est-ce que vous comprenez le roumain ?

asta se scrie...
ça s'écrit...

asta înseamnă...
ça veut dire...

Parler de la langue

S'exprimer

j'ai appris quelques mots dans un livre
am învățat câteva cuvinte dintr-o carte
*am ounveuts**a**t koutév**a** kouv**i**nté d**i**ntro k**a**rté*

je me débrouille à peu près
mă descurc cât de cât
*meu dèsk**ou**rk kout dé kout*

je ne sais presque rien
nu știu aproape deloc
*nou cht**i**you aprw**a**pé dél**o**k*

il y a des sons difficiles à prononcer
sunt sunete greu de pronunțat
*sount s**ou**nété grèw dé pronounts**a**t*

POUR TOUS LES JOURS

je connais les bases mais pas plus
ştiu baza dar nu mai mult
chtiyou baza dar nou may moult

je trouve ça difficile
mi se pare destul de greu
mi se paré dèstoul dé grèw

ça ressemble pas mal à l'italien
seamănă destul de bine cu italiana
séameuneu dèstoul dé biné kou italiyana

ça aide de connaître un peu d'italien
dacă ştii italiană e mai uşor
dakeu chtiy italiyana yé may ouchor

les gens parlent tellement vite
lumea vorbeşte aşa de repede
louméa vorbèchté acha dé répédé

Comprendre

nu prea aveţi accent
vous n'avez pas beaucoup d'accent

mi se pare că te descurci destul de bine
je trouve que tu te débrouilles très bien

vorbeşti foarte bine
tu parles très bien

Demander son chemin

S'exprimer

excusez-moi, où est..., s'il vous plaît ?
scuzaţi-mă, unde este..., vă rog?
skouzatsimeu, oundé yèsté..., veu rog?

..., c'est par où ?
pentru..., pe unde trebuie să o iau?
péntrou..., pé oundé trébouyé seu o yaw?

je cherche...
caut...
*k**a**wout...*

c'est loin ?
e departe?
*yé dép**a**rte?*

est-ce que vous pouvez me dire comment aller à... ?
mi-ați putea spune cum ajung la...?
*my**a**ts pouté**a** sp**ou**né koum aj**ou**ng la...?*

quelle est la route pour... ?
pe unde trebuie să o iau ca să ajung la...?
*pé **ou**ndé **tré**bouyé seu o yaw ka seu aj**ou**ng la...?*

est-ce que vous pourriez me montrer sur le plan ?
ați putea să îmi arătați pe hartă?
*ats pouté**a** seu oum ar**eu**tats pé H**a**rteu?*

est-ce qu'il y a un plan de la ville quelque part ?
există o hartă a orașului pe undeva?
*ègz**i**steu o H**a**rteu a or**a**choulouy pé oundév**a**?*

je suis complètement perdu
m-am rătăcit complet
*mam reuteutch**i**t kompl**è**t*

je me suis perdu
m-am rătăcit
*mam reuteutch**i**t*

je crois que je me suis trompé
cred că am luat-o greșit
*krèd keu am louw**a**to gréch**i**t*

Comprendre

coborâți	descendez
continuați	continuez
la dreapta	à droite
la stânga	à gauche
o luați la dreapta/stânga	tournez à droite/gauche
tot înainte	tout droit
urcați	montez
urmăriți	suivez
vă întoarceți	faites demi-tour

mergeţi pe jos sau eu maşina?
vous y allez à pied ou en voiture ?

e la cinci minute pe jos/cu maşina
c'est à cinq minutes à pied/en voiture

e a doua stradă la dreapta
c'est la deuxième rue à droite

o luaţi pe prima stradă la stânga dupa semafor
prenez la première rue à gauche après le feu

ieşiţi la prima ieşire
prenez la prochaine sortie

mergeţi tot înainte
continuez tout droit

e foarte aproape
c'est tout près

e chiar acolo
c'est juste là

o să vedeţi, sunt indicatoare
vous verrez, c'est indiqué

e destul de départe
c'est assez loin

e pe aici pe undeva
c'est dans le coin

e după intersecţie
c'est après le carrefour

sunteţi foarte aproape, vedeţi panoul verde, e chiar în faţă
vous y êtes presque, vous voyez le panneau vert, c'est en face

mergeţi după mine, vă conduc
suivez-moi, je vais vous y conduire

FAIRE CONNAISSANCE

Pour commencer

aimer	a-i plăcea *ay pleutchéa*
beau	frumos *froumos*
bien	bine *biné*
bon marché	ieftin *yèftin*
cher	scump *skoump*
détester	a nu putea suporta *a nou poutéa suporta*
intéressant	interesant *intérésant*
magnifique	superb *soupèrb*
nul	foarte prost *fwarté prost*
ok	OK *okèy*
pas mal	destul de bun *dèstoul dé boun*
super	super *soupèr*
très bien	foarte bine *fwarté biné*
vacances (scolaires)	concediu *kontchédyou ;* vacanță *vakantseu*

Se présenter, parler de soi

S'exprimer

je m'appelle ..., et toi ?
mă cheamă/mă numesc ... şi tu?
meu kyameu/meu noumèsk ... chi ... tou?

... et vous ?
... şi dumneavoastră?
... chi doumnéavwastreu?

comment t'appelles-tu ?
cum te cheamă?
koum té kyameu?

comment vous appelez-vous ?
cum vă cheamă?
koum veu kyameu?

tu es d'ici ?
eşti de aici?
yècht dé a-yitch?

vous êtes d'ici ?
sunteți de aici ?
sountèts dé a-yitch?

je té présente...
ți-l/ți-o prezint pe...
tsil/tsyo prézint pé...

je vous présente...
vi-l/v-o prezint pe...
vil/vo prézint pé...

enchanté/enchantée, moi c'est...
încântat/încântată de cunoştinţă, eu mă numesc...
*ounkount**a**t/ounkount**a**teu dé kounochtintseu, yèw meu noum**è**sk...*

je suis français
sunt francez
*sount frantch**è**z*

je suis française
sunt franţuzoaică
*sount frantsouzw**a**ykeu*

quel âge as-tu ?
câţi ani ai?
kouts any ay?

quel âge avez-vous ?
câţi ani aveţi?
*kouts any av**è**ts?*

je viens de...
sunt din...
sount din...

j'ai 22 ans
am douăzeci şi doi de ani
*am dow**eu**zétch chi doy dé ani*

qu'est-ce que vous faites dans la vie ?
cu ce vă ocupaţi?
*kou tché veu okoup**a**ts?*

tu es étudiant(e) ?
eşti student(ă)?
*yècht stoud**è**nt(eu)?*

je travaille
lucrez
*loukr**è**z*

je fais des études d'économie
sunt student la Economie
*sount stoud**è**nt la économ**i**yé*

tu travailles dans quoi ?
în ce domeniu lucrezi?
*oun tché dom**é**niyou loukr**è**z?*

vous travaillez dans quoi ?
în ce domeniu lucraţi?
*oun tché dom**é**niyou loukr**a**ts?*

je suis prof
sunt profesor/profesoară
*sount prof**é**sor/profésw**a**reu*

je travaille dans le marketing
lucrez în marketing
*loukr**è**z oun marke**ti**ng*

je suis à la retraite
sunt pensionar(ă)
*sount pènsyon**a**r(eu)*

moi aussi
şi eu
chi yèw

j'ai deux enfants, un de trois ans et l'autre de neuf ans
am doi copii, unul de trei ani şi celălalt de nouă ani
*am doy kop**i**y, **ou**noul de trèy an chi tchéleul**a**lt dé n**o**weu any*

ils ont quel âge ?
câţi ani ayu?
kouts an aw?

est-ce que vous êtes déjà allé en France ?
aţi fost vreodată în Franţa?
*ats fost vré**o**dateu oun fr**a**ntsa?*

FAIRE CONNAISSANCE

Comprendre

sunteți francez/franțuzoaică ?
vous êtes français/française?

avem o casă de vacanță aici
nous avons une maison ici pour l'été

am fost în Franța de mai multe ori
j'étais en France plusieurs fois

mi-ar plăcea foarte mult să merg la Paris
j'aimerais beaucoup aller à Paris

am rude în Franța
j'ai de la famille en France

Parler de son séjour

S'exprimer

je suis arrivé/on est arrivés il y a trois jours
am ajuns acum trei zile
*am a**jou**ns ak**ou**m trèy zi**lé***

c'est la première fois que je viens
e prima dată când vin
*yé prima d**a**teu kound vin*

je ne suis ici que pour trois jours
nu rămân aici decât trei zile
*nou reum**ou**n a-y**i**tch dék**ou**t trèy zi**lé***

je suis seulement de passage ici
sunt doar în trecere pe aici
*sount dwar oun tr**é**tchéré pé a-y**i**tch*

on est venus pour notre anniversaire de mariage
am venit cu ocazia aniversării căsătoriei
*am vén**i**t kou ok**a**ziya anivèrs**eu**riy keuseutor**i**yèi*

c'est notre lune de miel
suntem în luna de miere
*sount**è**m oun l**ou**na dé my**é**ré*

je suis venu/on est venus rejoindre des amis
am venit în vizită la prieteni
*am vén**i**t oun v**i**ziteu la priy**é**tèn*

je suis venu avec une amie
am venit cu o prietenă
am vénit kou o priyétèneu

je suis ici pour mon travail
am venit din motive profesionale
am vénit din motivé profesionalé

je suis en vacances
sunt în concediu/vacanță
sount oun kontchédyou/vakantseu

nous sommes en vacances
suntem în concediu/vacanță
sountèm oun kontchédyou/vakantseu

je visite la région
vizitez regiunea
vizitèz rédjyounéa

nous visitons la région
vizităm regiunea
viziteum rédjyounéa

on m'a conseillé d'aller à...
am fost sfătuit să merg la...
am fost sfeutwit seu mèrg la...

j'ai l'intention d'aller à...
am de gând să merg la...
am dé gound seu mèrg la...

Comprendre

e prima dată când veniți aici?
c'est la première fois que vous venez ici ?

de cât timp eşti aici?
ça fait combien de temps que tu es ici ?

vă place aici?
ça vous plaît ?

ați mers să vizitați...?
vous avez déjà été visiter... ?

vacanță plăcută!
passez de bonnes vacances !

sănătate!
portez-vous bien !

drum bun!
bonne route !

numai bine!
bonne continuation !

petrecere plăcută mai departe!
bonne fin de séjour !

să auzim numai de bine!
au plaisir de vous revoir !

Garder contact

S'exprimer

on reste en contact, hein ?
rămânem în contact, bine? reum
reumounèm oun kontakt, biné ?

je peux te donner mon adresse e-mail
pot să îți dau adresa mea de e-mail
pot seu outs daw adrésa méa dé imèyl

voilà mes coordonnées en France, si vous passez un jour
uitați aici adresa și numărul de telefon în Franța, dacă veniți cândva
witats a-yitch adrésa chi noumeuroul dé téléfon oun frantsa, dakeu vénits koundva

Comprendre

îmi dai adresa?
tu me donnes ton adresse ?

aveți o adresă de e-mail?
est-ce que vous avez une adresse e-mail ?

sunteți oricând bineveniți
vous êtes toujours les bienvenus

Échanger ses impressions

S'exprimer

c'est une bonne idée, pourquoi pas ?
e o idee, de ce nu la urma urmei?
yé o idéyé, dé tché nou la ourma ourmey?

c'est génial
e excelent
yé èktchélènt

j'aime beaucoup...
îmi place mult...
oum platché moult...

je n'aime pas beaucoup...
nu-mi prea place...
noum préa platché...

j'adore...
îmi place la nebunie...
oum platché la nébouniyé...

j'aimerais bien...
mi-ar plăcea...
myar pleutchéa...

c'était génial
a fost excelent
a fost èktchélènt

j'ai beaucoup aimé...
mi-a plăcut foarte mult...
mya pleukout fwarté moult...

ça me plaît
îmi place
oum platché

j'ai adoré...
mi-a plăcut la nebunie...
mya pleukout la nébouniyé...

j'aurais bien aimé...
mi-ar fi plăcut...
myar fi pleukout...

je trouve ça...
mi se pare...
*mi se p**a**ré...*

j'ai trouvé ça...
mi s-a părut...
*mi sa p**eu**rout...*

je suis d'accord
sunt de acord
*sount dé ak**o**rd*

je ne suis pas d'accord
nu sunt de acord
*nou sount dé ak**o**rd*

je ne sais pas
nu ştiu
*nou chti**i**you*

ça m'est égal
mi-e indiferent
*my**é** indifér**è**nt*

ça ne me dit pas trop
nu prea mă atrage
*nou pré**a** meu atr**a**djé*

ça m'énerve
mă enervează
*meu énèrvé**a**zeu*

ça a un drôle de goût
are un gust cam ciudat
***a**ré oun goust kam tchioud**a**t*

est-ce que c'est dangereux de... ?
e periculos să...?
*yé périkoul**o**s seu...?*

c'est de l'arnaque
asta-i jefuială pe faţă
***a**stay jéfouy**a**leu pé f**a**tseu*

c'est un attrape-touristes
asta-i o chestie pentru turişti
***a**stay o k**è**stiyé p**è**ntrou tour**i**cht*

c'est très animé le soir
e foarte multă lume seara
*yé fw**a**rté m**ou**lteu l**ou**mé sé**a**reu*

on s'est bien amusés
ne-am distrat tare bine
*né**a**m distr**a**t t**a**ré biné*

il y a trop de monde
e prea multă lume
*yé pré**a** m**ou**lteu l**ou**mé*

il y avait beaucoup de monde
era multă lume
*yér**a** m**ou**lteu l**ou**mé*

je me suis ennuyé à mourir
m-am plictisit de moarte
*mam pliktis**i**t dé mw**a**rté*

je n'ai pas compris grand-chose
nu prea am înţeles mare lucru
*nou pré**a** am ountsél**è**s m**a**ré l**ou**krou*

il y avait une super bonne ambiance
era o atmosferă foarte mişto
*yér**a** o atmosf**è**reu fw**a**rté micht**o***

j'ai rencontré des gens très sympas
am cunoscut oameni simpatici
*am kounosk**ou**t w**a**mén simp**a**titch*

on a trouvé un petit hôtel très sympa
am găsit un hotel foarte drăguţ
*am gueus**i**t oun Hot**è**l fw**a**rté dreug**ou**ts*

Comprendre

îţi place/îţi plac...? (objet singulier/pluriel)
est-ce que tu aimes... ?

am putea să...
on pourrait...

ţi-ar plăcea să...?
ça te dit de... ?

ce părere ai dacă...?
et si on... ?

ţi-a plăcut?
ça t'a plu ?

n-are nimic ieşit din comun
ça n'a rien d'exceptionnel

e o regiune frumoasă
c'est une très belle région

merită să faceţi ocolul
ça vaut le détour

ar trebui să mergeţi şi dumneavoastră acolo
vous devriez y aller

e mai bine să mergeţi în timpul săptămânii, e mai puţină lume
il vaut mieux y aller en semaine, il y a moins de monde

trebuie neapărat să gustaţi...
il faut absolument que vous goûtiez...

Quelques expressions familières

groaznic chiant
nasol moche, énervant
super, mişto, beton super
ne-am distrat de n-am mai putut on s'est bien éclatés

Parler du temps qu'il fait

S'exprimer

quelles sont les prévisions météo pour demain ?
care-i prognoza meteo pentru mâine?
*k**a**réy progn**o**za mété-**o** p**è**ntrou m**ou**yné?*

il va faire mauvais
o să fie urât
*o seu fiyé our**ou**t*

il va faire beau
o să fie frumos
*o seu fiyé froum**o**s*

il a fait un temps magnifique
vremea e foarte frumoasă
*vr**é**méa yé fw**a**rté froumw**a**seu*

il fait vraiment chaud
chiar e cald
kyar yé kald

quelle belle journée, hein ?
ce zi frumoasă, nu?
*tché zi froumw**a**seu, nou?*

quel sale temps !
ce vreme tâmpită!
*tché vr**é**mé toump**i**teu!*

il fait froid le soir
seara e frig
*sé**a**reu yé frig*

il fait humide
e umezeală
*yé oumézé**a**leu*

il a fait plus de 35 degrés
sunt mai mult de treizeci şi cinci de grade
*sount may moult dé trèyz**è**tch chi tchintch dé gr**a**dé*

on a de la chance avec le temps
avem noroc cu timpul ăsta
*av**è**m nor**o**k kou t**i**mpoul **eu**sta*

Comprendre

probabil vine ploaia il risque de pleuvoir

s-a anunţat vreme frumoasă toată săptămâna
ils ont prévu du beau temps pour toute la semaine

Quelques expressions familières

e cald de mori il fait une chaleur à crever
e un frig de-nţepeneşti il fait un froid de canard
o vreme de să nu scoţi un câine-afară il fait un temps pourri

VOYAGER, SE DÉPLACER

Pour commencer

aéroport	aeroport	*aérop**o**rt*
aller-retour	dus-întors	*dous-ount**o**rs*
aller simple	dus	*d**ou**s*
arrêt de bus	stație de autobuz	*st**a**tsiyé dé awtob**ou**z*
autoroute	autostradă	*awtostr**a**deu*
avion	avion	*aviy**o**n*
bagages	bagaje	*bag**a**jé*
bateau	vapor	*vap**o**r*
billet	bilet	*bil**è**t*
bus	autobuz	*awtob**ou**z*
car	autocar	*awtok**a**r*
carte	hartă	*H**a**rteu*
centre-ville	centru	*tch**è**ntrou*
consigne	bagaje de mână	*bag**a**jé de m**ou**neu*
embarquement	îmbarcare	*oumbark**a**ré*
enregistrement	înregistrare	*ounrédjistr**a**ré*
ferry	bac	*bak*
gare	gară	*g**a**reu*
gare routière	autogară	*awtog**a**reu*
horaires	orare	*or**a**ré*
louer	a închiria	*a ounkiriy**a***
métro	metrou	*métr**o**w*
navette	cursă	*k**ou**rseu*
passeport	pașaport	*pachap**o**rt*
plan	plan	*plan*
porte (d'embarquement)	poartă	*pw**a**rteu*
quai (de gare, de métro)	peron	*pér**o**n*
quai (de port)	chei	*kèy*
réserver	a rezerva	*a rézèrv**a***
route	drum	*droum*
rue	stradă	*str**a**deu*
station de métro	stație de metrou	*st**a**tsiyé dé métr**o**w*
taxi	taxi	*taksi*
terminal	terminal	*tèrmin**a**l*
ticket	bilet	*bil**è**t*

train tren *trèn*
tramway tramvai *tramv**a**y*
voiture maşină *mach**i**neu*
vol (d'avion) zbor *zbor*

S'exprimer

où est-ce que je peux acheter des billets ?
unde aş putea să cumpăr bilete?
__ou__ndé ach poutéa seu koump__eu__r bil__é__té?

un billet pour...
un bilet pentru...
oun bil__è__t p__è__ntrou...

je voudrais réserver un billet
aş vrea să rezerv un bilet
ach vré__a__ seu réz__è__rv oun bil__è__t

combien coûte un billet pour... ?
cât costă un bilet pentru...?
kout k__o__steu oun bil__è__t p__è__ntrou...?

est-ce qu'il y a des réductions pour les étudiants ?
studenţii au reducere?
stoud__è__ntsiy aw réd__ou__tchéré?

est-ce que vous auriez un dépliant avec les horaires ?
aveţi un pliant cu orarele?
av__è__ts oun pliy__a__nt kou or__a__rélé?

est-ce qu'il vous reste des places pour... ?
mai sunt locuri pentru...?
may sount l__o__kour p__è__ntrou...?

il n'y en a pas plus tôt/tard ?
nu mai sunt bilete pentru mai devreme/târziu?
nou may sount bil__é__té p__è__ntrou may dévr__é__mé/tourz__i__w?

combien de temps dure le voyage ?
cât durează drumul?
kout douré__a__zeu dr__ou__moul?

est-ce que cette place est libre ?
e liber locul ăsta?
yé l__i__ber l__o__koul __eu__sta?

désolé(e), il y a déjà quelqu'un
îmi pare rău, locul ăsta e ocupat
*oum **pa**ré reuw, **lo**koul **eu**sta yé okou**pat***

Comprendre

anulat	annulé
corespondenţe	correspondances
informaţii	renseignements, informations
intrare	entrée
intrarea oprită	entrée interdite
întârziere	retardé
ieşire	sortie
plecări	départs
sosiri	arrivées
toaletă	toilettes
WC bărbaţi	toilettes pour hommes
WC femei	toilettes pour femmes

nu mai sunt bilete/locuri
tout est complet

En avion

La compagnie aérienne nationale TAROM assure des vols quotidiens, à la fois internationaux et entre les principales villes de Roumanie. Des réductions substantielles sont proposées pour les enfants. Les principales compagnies aériennes internationales sont également représentées en Roumanie, mais seulement pour les vols internationaux.

S'exprimer

où est l'enregistrement des bagages pour Air France ?
unde se face înregistrarea bagajelor pentru Air France?
*__ou__ndé se **fa**tché ounrédjistr**aréa** bag**a**jélor p**è**ntrou èr frans?*

une valise et un bagage à main
o valiză şi un bagaj de mână
*o va**li**zeu chi oun bag**aj** dé m**ou**neu*

à quelle heure embarque-t-on ?
la ce oră se face îmbarcarea?
*la tché **o**reu se f**a**tché oumbark**a**ré**a**?*

je voudrais confirmer mon vol de retour
aş vrea să confirm zborul de întoarcere
*ach vré**a** seu konf**i**rm zb**o**roul dé ountw**a**rtchéré*

il me manque une valise
lipseşte o valiză
*lips**è**chté o val**i**zeu*

mes bagages ne sont pas arrivés
bagajele mele nu au ajuns
*bag**a**jélé m**é**lé nou aw aj**ou**ns*

l'avion a eu deux heures de retard
avionul are două ore de întârziere
*aviy**o**noul **a**ré d**o**weu **o**ré dé ountourziy**é**ré*

j'ai raté ma correspondance
am pierdut corespondența
*am pyèrd**ou**t corèspond**è**ntsa*

j'ai oublié quelque chose dans l'avion
am uitat ceva în avion
*am wit**a**t tchév**a** oun aviy**o**noul*

je voudrais faire une déclaration de perte pour mes bagages
aş vrea să fac o declaraţie pentru pierderea bagajelor
*ach vré**a** seu fak o déclar**a**tsiyé p**è**ntrou py**è**rdéré**a** bag**a**jélor*

Comprendre

îmbarcare imediată	embarquement immédiat
înregistrarea bagajelor	enregistrement des bagages
nimic de declarat	rien à déclarer
recuperarea bagajelor	retrait des bagages
sala de îmbarcare	salle d'embarquement
vamă	douane
zboruri interne	vols intérieurs

va rog să aşteptaţi în sala de îmbarcare
veuillez patienter dans la salle d'embarquement

un loc la fereastră sau la culoar?
une place côté hublot ou côté couloir ?

aveți o corespondență la...
vous avez une correspondance à...

câte bagaje aveți?
combien de bagages avez-vous ?

aveți 15 kilograme în plus
vous avez un excédent de 15 kilos

poftiți cartea de îmbarcare
voilà votre carte d'embarquement

mergeți la poarta...
veuillez vous rendre à la porte...

sunați la numărul acesta ca să aflați dacă v-au sosit bagajele
appelez ce numéro pour savoir si vos bagages sont arrivés

En train, car, bus, métro, tramway

i pour obtenir des informations sur les trains et acheter vos billets, adressez-vous à la **CFR** (Voies ferrées roumaines). Les horaires des trains sont disponibles sous forme de brochure (**mersul trenurilor de călători**). Il existe une carte nominale valable un mois sur des distances de 50 à 300 km, qui permet d'obtenir une réduction de 50 % pour les adultes et 60 % pour les étudiants et lycéens, ainsi qu'un système d'abonnement et un tarif spécial pour excursion de deux mois sur un circuit choisi. On distingue, du plus lent au moins lent, entre **tren accelerat (A)**, **tren rapid** ou **expres (R)** et **tren intercity (IC)**. Les voyages en train étant plutôt lents, vous pouvez avoir intérêt à privilégier l'autocar ou le minibus pour vos trajets de moyenne ou longue distance (certains propriétaires de minibus organisent des voyages interurbains à des prix variables). Pour relier les villes principales, le meilleur moyen est probablement l'avion.

En ville, l'autobus est le moyen de transport en commun le plus utilisé. Tous les quartiers sont bien desservis, et les billets s'achètent à l'unité ou en carnet, dans les rues principales, près des stations de bus, aux guichets ou étalages installés ad hoc. N'oubliez pas de composter votre billet (les contrôleurs sont impitoyables et interviennent souvent). Bucarest compte également quatre lignes de métro. Certaines villes et certains quartiers disposent également d'un service de tramways.

S'exprimer

à quelle heure est le prochain train pour... ?
la ce oră e următorul tren de...?
*la tché **o**reu yé ourmeut**o**roul trèn dé...?*

à quelle heure part le dernier train ?
la ce oră e ultimul tren de...?
*la tché **o**reu yé **ou**ltimoul trèn dé...?*

de quel quai part le train pour... ?
de la ce peron pleacă trenul de...?
*dé la tché pér**o**n plé**a**keu tr**é**noul dé...?*

où est-ce que je peux prendre un bus pour... ?
unde pot să iau autobuzul pentru...?
***ou**ndé pot seu yaw awtob**ou**zoul p**è**ntrou...?*

quel bus/tramway/métro dois-je prendre pour... ?
ce autobuz/tramvai/metrou trebuie să iau ca să ajung la...?
*tché awtob**ou**z/tramv**a**y/métr**o**w tr**é**bouyé seu yaw ka seu aj**ou**ng la...?*

c'est bien l'arrêt pour... ?
aici e stația pentru...?
*a-y**i**tch yé st**a**tsiya p**è**ntrou...?*

c'est bien d'ici que part le car pour... ?
de aici pleacă autocarul de...?
*dé a-y**i**tch plé**a**keu awtok**a**roul dé...?*

pourriez-vous me dire quand il faut descendre ?
ați putea să-mi spuneți când trebuie să cobor?
*ats pouté**a** seum sp**ou**nèts kound tr**é**bouyé seu kob**o**r?*

j'ai raté mon train
am pierdut trenul
*am pyèrd**ou**t tr**é**noul*

Comprendre

abonament pe toate liniile urbane pentru 1 zi	carte pour la journée
abonament pe toate liniile urbane pentru 7 zile	carte hebdomadaire
abonament pe toate liniile urbane pentru 15 zile	carte 15 jours
casa de bilete	billetterie
clasa I	première classe
clasa a II-a	deuxième classe
peron	quais
plecări	départs dans la journée
rezervări	réservations
sosiri	arrivées

este o stație de autobuz chiar puțin mai încolo, pe dreapta
il y a un arrêt d'autobus juste un peu plus loin à droite

dați-mi mărunt, vă rog
faites l'appoint, s'il vous plaît

trebuie să schimbați la...
vous avez un changement à...

trebuie să luați autobuzul...
vous devez prendre le bus n°...

trenul face opriri în...
ce train dessert les gares de...

peste două stații
dans deux arrêts

En voiture

Hormis l'autoroute principale Bucarest-Piteşti (la seule existante actuellement et sans péage), vous ne trouverez que des routes nationales et départementales en Roumanie. Ne conduisez pas après avoir bu le moindre verre d'alcool : outre le risque que cela comporte, la contravention coûte très cher. Pour les longs parcours, calculez bien votre provision d'essence, car les stations-service sont moins nombreuses qu'en Europe occidentale. En plus de votre permis de conduire, vous devez être muni d'une carte verte internationale. La ceinture n'est obligatoire qu'en théorie : généralement seuls les chauffeurs l'utilisent... L'autostop est presque toujours payant en Roumanie. Il est à déconseiller pour les jeunes filles seules.

Il vaut mieux bien pratiquer le roumain avant de prendre le taxi pour pouvoir discuter le prix, qui augmente vite à la tête du client, surtout devant les gares et les aéroports. Le prix de la course est certes affiché, mais très variable selon les cas.

S'exprimer

où est-ce que je peux trouver une station-service ?
unde pot să găsesc o stație de benzină?
__ou__ndé pot seu gueus__è__sk o st__a__tsiyé dé bènz__i__neu?

le plein de sans-plomb, s'il vous plaît
un plin de benzină fără plumb, vă rog
oun plin dé bènz__i__neu f__eu__reu ploumb, v__eu__ rog

on a été bloqués dans un embouteillage
am fost blocați într-un ambuteiaj
am fost blok__a__ts __ou__ntroun amboutéy__a__j

est-ce qu'il y a un garage par ici ?
este un service prin apropiere?
y__è__sté oun sèrv__i__s prin apropiy__é__ré?

pourriez-vous m'emmener à la station-service la plus proche ?
puteți să mă duceți până la cea mai apropiată stație de benzină?
pout__è__ts seu meu d__ou__tchèts p__ou__neu la tché__a__ may apropiy__a__teu st__a__tsiyé dé bènz__i__neu?

la batterie est morte
nu mai am baterie
nou may am baté__ri__yé

je suis tombé en panne
am rămas în pană
am reum__a__s oun p__a__neu

nous sommes en panne d'essence
am rămas în pană de benzină
am reumas oun paneu dé bènzineu

j'ai crevé
s-a spart roata
sa spart rwata

nous venons d'avoir un accident
am avut un accident
am avout oun aktchidènt

j'ai perdu les clés de ma voiture
mi-am pierdut cheile de la maşină
myam pyèrdout kéyilé dé la machineu

ça va prendre combien de temps à réparer ?
cât o să dureze reparaţia?
kout o seu dourézé réparatsiya?

Location de voiture

je voudrais louer une voiture pour une semaine
aş vrea să închiriez o maşină pentru o săptămână
ach vréa seu ounkiriyèz o machineu pèntrou o seupteumouneu

une voiture à boîte de vitesses automatique
o maşină cu cutie de viteze automată
o machineu kou koutiyé dé vitézé awtomateu

je voudrais prendre une assurance tous risques
vreau să iau o asigurare integrală
vréaw seu yaw o asigouraré intégraleu

En taxi

je voudrais aller à...
vreau să merg la...
vréaw seu mère la...

je voudrais un taxi pour 8 heures
aş vrea un taxi la ora opt
ach vréa oun taksi la ora opt

vous pouvez m'arrêter ici, merci
puteţi să opriţi aici
poutèts seu oprits a-yitch

combien ça va me coûter pour aller à l'aéroport ?
care e preţul până la aeroport?
karé yé prétsoul pouneu la aéroport?

En auto-stop

je vais à...
merg la...
mèrg la...

est-ce que vous pourriez me déposer ici ?
puteţi să mă lăsaţi aici?
poutèts seu meu leusats a-yitch?

merci de m'avoir emmené(e)
mulţumesc că m-aţi luat
moutsoumèsk keu mats louwat

on est venus en stop
am făcut autostopul până aici
am feukout awtostopoul pouneu a-yitch

Comprendre

alte direcţii	autres directions
încetiniţi	ralentissez
nu mai sunt bilete	complet
nu mai sunt locuri	complet
oprirea interzisă	stationnement interdit
parcare	parking
păstraţi biletul pentru control	conservez votre ticket
rent-a-car	location de voitures
toate direcţiile	toutes directions

am nevoie de un permis de conducere, un act de identitate şi de cardul dumneavoastră
il me faut votre permis de conduire, une pièce d'identité et votre carte de crédit

cauțiunea e de... de Lei
la caution est de... Lei

bine, urcați, vă duc până la...
c'est bon, montez, je vais vous avancer jusqu'à...

En bateau

ⓘ Vous pourrez faire de la navigation fluviale de plaisance dans le delta du Danube depuis la ville de Tulcea jusqu'à Sulina ou Saint Gheorghe. Vous trouverez aussi quelques ferrys pour traverser le Danube.

S'exprimer

combien de temps dure la traversée ?
cât durează călătoria?
*kout douré**a**zeu keuleutor**i**ya?*

j'ai le mal de mer
am rău de mare
*am reuw dé m**a**ré*

Comprendre

următoarea plecare la... prochain départ à...

HÉBERGEMENT

ⓘ Dans les hôtels internationaux, les réservations s'effectuent comme partout en Europe, avec des tarifs identiques, voire plus élevés. Pour le reste, il n'y a pas de normes. Parfois seul l'hébergement est proposé, parfois la demi-pension ou la pension complète. On vous demandera généralement de remplir un formulaire à l'entrée. Pour loger à moindre prix, préférez le camping ou l'hébergement chez l'habitant, aussi bien en ville qu'à la campagne. Grâce au nouveau réseau **Agroturism** (tourisme rural et écologique), les touristes peuvent accéder à l'hébergement dans des maisons de campagne. Il n'existe pas de réseau d'auberges de jeunesse en Roumanie, mais certains hôtels de catégorie moyenne ou motels en constituent un équivalent. L'hébergement est également proposé dans la plupart des grands monastères de Moldavie.

Pour commencer

appartement	apartament *apartam**è**nt*
avec cuisine	cu bucătărie *kou boukeuteur**i**yé*
avec douche	cu duş *kou douch*
camping	camping *k**è**mping*
caravane	rulotă *roul**o**teu*
chambre avec salle de bains	cameră cu baie *k**a**méreu kou b**a**yé*
chambre d'hôtes	cameră de oaspeţi *k**a**méreu dé dé'wasp**é**ts*
chambre double	cameră cu două paturi *k**a**méreu kou d**o**weu p**a**tour*, cameră dublă *k**a**méreu d**ou**bleu*
chambre individuelle	cameră de o persoană *k**a**méreu dé o pèrsw**a**neu*, single *s**i**ngueul*
clé	cheie *k**é**yé*
demi-pension	semipensiune *sémipènsiy**ou**né*
douche	duş *douch*
hôtel	hotel *Hot**è**l*
lit double	pat dublu *pat d**ou**blou*
lit pour une personne	pat de o persoană *pat dé o pèrsw**a**neu*
locataire	chiriaş *kir**i**yach*
louer	a închiria *a ounkiriy**a***
maison	casă *k**a**seu*

motel motel *motèl*
pension complète pensiune completă *pènsiy**ou**né complèteu*
petit déjeuner compris micul dejun inclus *m**i**koul déj**ou**n inkl**ou**s*
prix par personne preţul pe persoană *pr**é**tsoul dé pèrsw**a**neu*
propriétaire proprietar *propriyét**ar***
réserver a rezerva *a rézèrv**a***
salle de bains baie *b**a**yé*
télévision par satellite televiziune prin satelit *téléviziy**ou**né prin satél**i**t*
tente cort *kort*
toilettes WC *vétch**è**w*
tout compris totul inclus *t**o**toul inkl**ou**s*

S'exprimer

est-ce que vous pouvez m'écrire l'adresse ?
aţi putea să-mi scrieţi adresa?
*ats pout**é**a seum skr**i**yèts adr**é**sa?*

où peut-on faire les courses dans le coin ?
unde am putea să facem cel mai aproape nişte cumpărături?
***ou**ndé am pout**éa** seu f**a**tchèm tchèl may aprw**a**pé n**i**chté koumpeureut**ou**r?*

est-ce qu'il serait possible de rester une autre nuit ?
am putea să mai rămânem o noapte?
*am pout**éa** seu may reum**ou**nèm o nw**a**pté?*

y a-t-il une banque par ici ?
e vreo bancă pe aici?
*yé vré**o** b**a**nkeu pé a-y**i**tch?*

j'ai réservé (par téléphone)... au nom de...
am rezervat (prin telefon)... pe numele...
*am rézèrv**a**t (prin téléf**o**n)... pé n**ou**mélé...*

Comprendre

accesul interzis privé
avem locuri de cazare chambres libres **(chez l'habitant)**
nu mai sunt locuri complet
recepţie réception

aş avea nevoie de un paşaport
j'aurais besoin de votre passeport

vă rog să completaţi fişa asta
veuillez remplir cette fiche, s'il vous plaît

Hôtel et chambre d'hôtes

S'exprimer

je voudrais réserver une chambre pour deux personnes pour demain soir
aş vrea să rezerv o cameră de două persoane pentru mâine seară
*ach vré**a** seu réz**è**rv o k**a**méreu dé d**o**weu pèrsw**a**né p**è**ntrou m**ou**yné sé**a**reu*

je voudrais réserver deux chambres individuelles pour trois nuits
aş vrea să rezerv două camere singur pentru trei nopţi
*ach vré**a** seu réz**è**rv d**o**weu k**a**méré s**i**ngueur p**è**ntrou trèy nopts*

est-ce qu'il vous reste des chambres de libres ?
mai aveţi camere libere?
*may av**è**ts k**a**méré l**i**béré?*

une chambre pas chère pour une personne
o cameră singur nu foarte scumpă
*o k**a**méreu s**i**ngueur nou fw**a**rté sk**ou**mpeu*

c'est pour un couple et deux enfants
e pentru un cuplu cu doi copii
*yé p**è**ntrou oun k**ou**plou kou doy kop**i**y*

ça n'a pas vraiment d'importance
asta chiar n-are importanţă
***a**sta kyar n**a**ré import**a**ntseu*

est-ce que je peux voir la chambre ?
pot să văd camera?
*pot seu veud k**a**méra?*

c'est bien, je la prends
e OK, o iau
*yé ok**è**j, o yaw*

avez-vous quelque chose de plus calme ?
aveţi vreo cameră unde să fie mai multă linişte?
*av**è**ts vré**o** k**a**méreu **ou**ndé seu f**i**yé may m**ou**lteu l**i**nichté?*

est-ce qu'il est possible d'ajouter un lit supplémentaire ?
se mai poate adăuga încă un pat?
*sé may pw**a**té adeug**a** **ou**nkeu oun pat?*

nous pensons rester deux nuits
în principiu am vrea să stăm două nopţi
*oun printch**i**piyou am vré**a** seu steum d**o**weu n**o**pts*

pourriez-vous me recommander un autre hôtel ?
ne-aţi putea recomanda alt hotel?
*né**a**ts pouté**a** rékomand**a** alt Hot**è**l?*

combien coûte une chambre avec salle de bains ?
cât costă o cameră cu baie?
*kout k**o**steu o k**a**méreu kou b**a**yé?*

vous n'avez rien de moins cher ?
n-aveţi nimic mai ieftin?
*nav**è**ts nimik may y**è**ftin?*

est-ce que le petit déjeuner est inclus ?
micul dejun e inclus?
*m**i**koul déj**ou**n yé inkl**ou**s?*

est-ce que l'hôtel est près du centre ?
hotelul e aproape de centru?
*Hot**è**loul yé aprw**a**pé dé tch**è**ntrou?*

vers 7 heures, je pense
pe la şapte, cred
*pé la ch**a**pté, krèd*

la clé de la 24, s'il vous plaît
cheia de la camera douăzeci şi patru, vă rog
*k**é**ya dé la k**a**méra doweuz**è**tch chi p**a**trou, veu r**o**g*

j'aimerais changer de chambre, la mienne est trop bruyante
aş vrea să schimb camera, că e prea mult zgomot la mine
*ach vré**a** seu skimb k**a**méra, keu yé pré**a** moult zg**o**mot la m**i**né*

est-ce que je peux avoir une couverture supplémentaire ?
mi-aţi mai putea da o pătură?
*myats may pouté**a** da o p**a**toureu?*

est-ce que je peux laisser mon sac à dos à la réception ?
aş putea să-mi las rucsacul la recepţie?
*ach pouté**a** seum las rouks**a**koul la rétch**è**ptsiyé?*

y a-t-il une prise pour le rasoir ?
este o priză pentru aparatul de ras?
*y**è**sté o pr**i**zeu p**è**ntrou apar**a**toul dé ras?*

la climatisation ne marche pas
nu merge aparatul de aer condiţionat
*nou m**è**rdjé apar**a**toul de **a**èr kondityon**a**t*

pouvez-vous me montrer comment ça marche ?
aţi putea să-mi arătaţi cum merge?
*ats pouté**a** seum areut**a**ts koum m**è**rdjé?*

nous n'avons pas de serviettes de toilette
nu avem prosoape
*nou av**è**m prosw**a**pé*

les draps n'ont pas été changés
nu au fost schimbate cearşafurile
*nou aw fost skimb**a**té tché**a**rch**a**fourilé*

il n'y a plus de papier toilette
nu mai e hârtie igienică
*nou may yé Hourt**i**yé idji**é**nikeu*

il n'y a pas d'eau chaude
nu-i apă caldă
*n**ou**y **a**peu k**a**ldeu*

l'évier est bouché
chiuveta e înfundată
*kyouv**é**ta yé ounfound**a**teu*

Comprendre

ce căutaţi?
qu'est-ce que vous cherchez ?

pentru câte nopţi?
c'est pour combien de nuits ?

nu mai am decât o cameră dublă
il ne me reste qu'une chambre double

nu, ne pare rău, nu mai avem locuri
non, je regrette, nous sommes complets

e un hotel nu prea scump şi foarte bun lângă...
il y a un hôtel pas trop cher et vraiment bien près de...

pe la ce oră credeţi că ajungeţi?
à quelle heure pensez-vous arriver ?

cu sau fără baie?
avec ou sans salle de bains ?

cum vă cheamă, vă rog?
quel est votre nom, s'il vous plaît ?

asta-i cheia de la poartă şi asta e cea de la cameră
celle-là est la clé de la porte d'entrée et l'autre celle de votre chambre

camerele se eliberează înainte de ora 12
les chambres doivent être libérées avant midi

micul dejun se serveşte între 7:30 si 9
le petit déjeuner est servi entre 7h30 et 9h

cearceafurile vi se dau de la recepţie
les draps sont fournis

motelul se deschide din nou la ora şase
le motel rouvre à 6 heures

Location

S'exprimer

je cherche quelque chose qui soit près du centre
caut ceva prin centru
*k**a**wout tchév**a** prin tch**è**ntrou*

où dois-je prendre/laisser les clés ?
de unde să iau cheile/unde să las cheile?
*dé **ou**ndé seu yaw k**é**yilé/**ou**ndé seu las k**é**yilé?*

où est le compteur électrique ?
unde e contorul de electricitate?
***o**undé yé kont**o**roul dé élèktr**i**tchitaté?*

est-ce qu'il y a des... de rechange ?
nu sunt... de schimb?
nou sount ...dé skimb?

où puis-je jeter les ordures ?
unde pot să arunc gunoiul?
oundé pot seu arounk gounoyoul?

je suis désolé(e), j'ai cassé le/la...
îmi pare tare rău, am spart...
oum paré taré reuw, am spart...

je ne trouve pas le/la...
nu găsesc...
nou gueusèsk...

j'ai fermé la porte en laissant les clés à l'intérieur
am închis uşa şi am lăsat cheile înăuntru
am ounkis oucha chi am leusat kéyilé ouneuwountrou

Comprendre

bună ziua, sunteţi cel care a sunat pentru apartament?
bonjour, c'est vous qui avez appelé pour l'appartement ?

e mobilat complet
c'est entièrement meublé

preţul include încălzirea, electricitatea şi gazul
le prix comprend le chauffage, l'électricité et le gaz

o să vină cineva să facă curat după ce plecaţi
il y a quelqu'un qui va passer pour le ménage après votre départ

să mă sunaţi dacă aveţi vreo problemă
n'hésitez pas à m'appeler si vous avez un problème

Camping

S'exprimer

y a-t-il un camping près d'ici ?
e vreun camping prin apropiere?
yé vréwoun kèmping prin apropiyéré?

c'est combien par jour ?
cât costă pe zi?
*kout k**o**steu pé zi?*

je voudrais un emplacement pour une tente pour deux jours
aş vrea un loc de cort pentru două zile
*ach vré**a** oun lok dé kort p**è**ntrou d**o**weu zilé*

est-ce qu'il y a une cabine téléphonique par ici ?
e vreo cabină telefonică pe aici?
*yé vré**o** kab**i**neu téléf**o**nikeu pé a-y**i**tch?*

je voudrais régler – on était au numéro 62, allée B
aş vrea să plătesc – suntem cei de la numărul 62, pe aleea B
*ach vréa seu pleut**è**sk – sount**è**m tchèy dé la n**ou**meuroul chaiz**è**tch chi d**o**weu, pé al**é**ya bé*

est-ce que vous pourriez nous prêter votre... ?
aţi putea să ne împrumutaţi...?
*ats pouté**a** seu né oumproumout**a**ts...?*

où sont les poubelles ?
unde sunt pubelele?
***ou**ndé sount poub**é**lélé?*

Comprendre

costă... pe zi/de persoană şi... de cort
c'est... par jour/par personne et... par tente

BOIRE ET MANGER

ⓘ Le déjeuner se prend généralement entre 13h30 et 15h30 et le dîner à partir de 20h. Il n'y a pas de menus, mais seulement des plats à la carte. Vous étonnerez les serveurs si vous commandez une salade en entrée. Demandez plutôt un caviar d'aubergine (**salată de vinete**) ou une soupe orientale (**ciorbă**). La salade verte est vinaigrée un peu comme les "pickles" et servie en accompagnement du plat de viande. Vous pouvez la remplacer par des cornichons à la russe (**castraveţi**) ou des poivrons grillés (**ardei copţi**) La **salată asortată** (feta, tomates, oignon, olives etc.) tient lieu de repas complet si on la commande abondante. Parmi les plats principaux les plus demandés figurent la grillade avec pommes frites (**friptură cu cartofi**) ou les choux farcis (**sărmăluţe**). Le pourboire est généralement bienvenu. Le pain doit être commandé et payé en sus. Les prix affichés sont toutes taxes comprises.

Dans les tavernes (**cârciumă**) ou sur les terrasses des cafés, vous pouvez commander toutes les boissons rafraîchissantes connues. Goûtez le café turc bouilli avec le marc (**cafea turcească**), qui a un goût très spécial, bien distinct du café filtre (**cafea la filtru**). La carafe d'eau n'est pas coutumière – commandez une bouteille d'eau gazeuse (**apă minerală**) ou plate (**apă plată**). La bière est très populaire. Les bières locales les plus connues sont Timişoreana, Ursus et Bergenbier. Le vin, dont les meilleurs sont les rouges secs, ne se commande pas au verre ni au pichet, mais seulement en bouteille de 75cl.

Pour commencer

addition	notă de plată *n**o**ta dé pl**a**teu*
apéritif	aperitiv *apériti**v***
bière	bere ***bé**ré*
bouteille	sticlă *st**i**kleu*
café	cafea *kafé**a***
café au lait	cafea cu lapte *kafé**a** kou l**a**pté*
café soluble	ness *nés*
carte	meniu *mén**i**you*
Coca-cola®	Coca-cola® *k**o**ka-k**o**la*
commander	a comanda *a kom**a**nda*

déjeuner (nom)	prânz *pr**ou**nz*
déjeuner (verbe)	a lua prânzul *a louw**a** pr**ou**nzoul*
dessert	désert *dés**è**rt*
dîner (nom)	cină *tch**i**neu*
dîner (verbe)	a lua cina *a lou**a** tch**i**na*
eau gazeuse	apă minerală ***a**peu minér**a**leu*
eau plate	apă plată ***a**peu pl**a**teu*
entrée	gustare *g**ou**staré*
expresso	expresso *èkspr**é**sso*
jus de fruit	suc de fructe *souk dé fr**ou**kté*
manger	a mânca *a mounk**a***
petit déjeuner	mic-dejun *mik-déj**ou**n*
plat de résistance	fel principal *fèl printch**i**pal*
pression	bere la halbă *b**é**ré la H**a**lbeu*
sandwich	sandviş *s**a**ndvich*
thé	ceai *tché**a**y*
vin rouge/blanc/rosé	vin roşu/alb/rosé *vin r**o**chou/alb/ros**é***

S'exprimer

on va manger un bout ?
mâncăm ceva?
*mounk**eu**m tchév**a**?*

on va boire un verre ?
vreţi să bem ceva?
*vrèts **seu** bèm tchév**a**?*

on va prendre un café ?
mergem la o cafea?
*m**è**rdjèm la o kafé**a**?*

je n'ai pas très faim
nu mi-e prea foame
*nou mi**é** pré**a** fw**a**mé*

est-ce que vous pouvez nous recommander un restaurant ?
ne-aţi putea recomanda un restaurant?
*né**a**ts poutée**a** rékomand**a** oun rèstawr**a**nt?*

j'ai super faim
mor de foame
*mor dé fw**a**mé*

s'il vous plaît !(pour appeler le serveur)
puteţi veni, vă rog?
*pout**è**ts véni, **veu** rog?*

je voudrais un sandwich au fromage "caşcaval", s'il vous plaît
aş vrea un sandviş cu caşcaval, vă rog
*ach vré**a** oun s**a**ndvich kou kachkav**a**l, veu rog*

j'en reprendrai un autre
mai vreau unu
*may vré**a**w **ou**nou*

bon appétit !
poftă bună!
*p**o**fteu b**ou**neu!*

tchin-tchin !
noroc!
*nor**o**k!*

c'était délicieux
a fost excelent
*a fost ektchél**è**nt*

c'est trop épicé
e prea iute
*yé pré**a** y**ou**té*

j'ai trop bu hier
am băut prea mult ieri
*am beuw**ou**t pré**a** moult yèr*

c'est délicieux
e excelent
*yé ektchél**è**nt*

c'est très gras
e foarte gras
*yé fw**a**rté gras*

est-ce que je pourrais avoir du sel ?
îmi puteți da sarea?
*oum pout**è**ts da s**a**réa?*

où sont les toilettes, s'il vous plaît ?
unde e toaleta, vă rog?
***ou**ndé yé toal**é**ta, veu rog?*

est-ce que vous pourriez apporter un cendrier ?
puteți să-mi aduceți o scrumieră?
*pout**è**ts seum ad**ou**tcets o skroumy**é**reu?*

Comprendre

ultima comandă la ora 22
désolé, nous ne servons plus après 22h

Réserver une table

S'exprimer

je voudrais réserver une table pour deux pour demain soir
aş vrea să rezerv o masă pentru două persoane pentru mâine seară
*ach vré**a** s**eu** réz**è**rv o m**a**seu p**è**ntrou d**o**weu pèrsw**a**né pèntr**ou** m**ou**yné sé**a**reu*

vers 8 heures
pe la opt
pé la opt

vous n'avez pas de table libre plus tôt ?
nu aveți locuri libere mai devreme?
*nou av**è**ts l**o**kour l**i**béré may dévr**é**mé?*

une table pour quatre, s'il vous plaît
o masă pentru patru persoane, vă rog
*o m**a**seu p**è**ntrou p**a**trou pèrsw**a**né, veu rog*

j'ai réservé une table au nom de...
am rezervat o masă pe numele...
*am rézèrv**a**t o m**a**seu pé n**ou**mélé...*

Comprendre

rezervat réservé

la ce oră?
pour quelle heure ?

pe ce nume?
c'est à quel nom ?

bună ziua, doriți să mâncați?
bonjour, c'est pour manger ?

fumători sau nefumători?
fumeurs ou non-fumeurs ?

e bine la ora opt şi jumătate?
8h30, ça vous va ?

câte persoane sunteți?
vous êtes combien ?

ați rezervat o masă?
est-ce que vous avez réservé ?

Commander à manger

S'exprimer

qu'est-ce que vous nous recommandez ?
ce ne recomandați?
*tché né rékomand**a**ts?*

oui, je crois qu'on a choisi
da, cred că am ales
*da, krèd keu am al**è**s*

non, pas encore
nu încă
*nou **ou**nkeu*

je voudrais...
aş vrea...
*ach vré**a**...*

pour moi, ça sera... et...
eu o sa iau... şi...
*y**è**w o s**eu** y**a**w... chi...*

moi, je ne sais pas, c'est quoi "sărmăluțe cu mămăliguță" ?
eu încă nu ştiu, ce sunt sărmăluțe cu mămăliguță?
*y**è**w, **ou**nkeu nou cht**i**you, tché s**ou**nt seurmeul**ou**tsé kou meumeulig**ou**tseu?*

je vais prendre ça alors
o să iau asta
*o seu y**a**ou **a**sta*

quel est le plat du jour ?
care-i recomandarea bucătarului astăzi ?
*k**a**réy rékomand**a**réa boukeut**a**roulouy **a**steuz?*

juste de l'eau (plate), s'il vous plaît
doar apă, vă rog
*dwar **a**peu, veu rog*

une grande bouteille d'eau
sticlă cu apă
*st**i**kleu kou **a**peu*

une bouteille de vin rouge
o sticlă de vin roşu
*o st**i**kleu dé vin r**o**chou*

on va partager – est-ce que vous pouvez nous apporter deux assiettes ?
vrem să împărţim – ne puteţi aduce două farfurii?
*vrèm seu oumpeurts**i**m – né pout**è**ts ad**ou**tché d**o**weu farfour**i**y?*

ce n'est pas ce que j'ai commandé, j'avais demandé...
nu asta am comandat, am cerut...
*nou **a**sta am komand**a**t, am tchér**ou**t...*

est-ce qu'on peut avoir encore du pain ?
ne mai puteţi aduce nişte pâine?
*né may pout**è**ts ad**ou**tché n**i**tché p**ou**yné?*

est-ce que vous pourriez nous apporter une autre bouteille d'eau ?
ne mai puteţi aduce nişte apă?
*né may pout**è**ts ad**ou**tché n**i**chté **a**peu?*

qu'est-ce que vous avez comme desserts ?
ce deserturi aveţi?
*tché dés**è**rtour av**è**ts?*

Comprendre

v-aţi hotărât ?
vous avez choisi ?

revin într-o clipă
je repasse dans un moment

e un fel de mâncare de... c'est une sorte de ragoût de...
îmi pare rău, nu mai avem... désolé, nous n'avons plus de...

şi ce doriţi să beţi? et comme boisson ?
doriţi un désert? désirez-vous un dessert ?

Au café

S'exprimer

qu'est-ce que tu prends ?
ce vrei să bei?
*tché vr**è**y seu b**è**y?*

qu'est-ce que vous prenez ?
ce doriţi sa beţi?
*tché dor**i**ts seu b**è**ts?*

je t'offre un verre
îţi fac cinste cu un rând
*outs fak tch**i**nsté kou oun round*

non, cette fois c'est pour moi
nu, de data asta e rândul meu
*nou, dé d**a**ta **a**sta yé r**ou**ndoul m**è**ou*

je vais prendre...
o să iau...
*o seu y**a**ou...*

je voudrais...
aş vrea...
*ach vré**a**...*

un Coca-cola®
o Coca-cola®
*o k**o**ca-k**o**la*

un Coca light®
o Coca-cola® light
*o k**o**ka-k**o**la layt*

sans glaçons
fără gheaţă
*f**eu**reu gui**a**tseu*

avec beaucoup de glaçons
cu multă gheaţă
*kou m**ou**lteu gui**a**tseu*

une pression
o halbă (de bere)
*o H**a**lbeu (dé b**é**ré)*

un thé
un ceai
*oun tché**a**y*

un café allongé
un long-coffee
oun long-kofi

la même chose pour moi
la fel şi pentru mine
la fèl chi péntrou miné

un verre d'eau, s'il vous plaît
un pahar de apă, vă rog
oun paHar dé apeu, veu rog

une autre pression, s'il vous plaît
încă o halbă, vă rog
ounkeu o Halbeu, veu rog

Comprendre

fără alcool sans alcool
înăuntru à l'intérieur
pe terasă en terrasse

ce doriţi să luaţi?
qu'est-ce que vous prenez ?

aici nu se fumează
ici, c'est non-fumeurs

nu mai servim nimic la ora asta
on ne sert plus rien à cette heure-ci

Quelques expressions familières

a merge la băut boire un coup
a fi beat être bourré
a fi beat criţă, a fi mort de beatêtre ivre mort
a fi mahmuravoir la gueule de bois

L'addition

S'exprimer

est-ce que vous pourriez nous apporter l'addition ?
ne puteţi aduce nota de plată?
né poutèts adoutché nota dé plateu?

je vous dois combien ?
cât am de plătit?
*kout am dé pleut**i**t?*

je crois qu'il y a une erreur dans l'addition
cred că e o greşeală în nota de plată
*krèd keu yé o gréché**a**leu oun n**o**ta dé pl**a**teu*

le service est-il compris ?
servirea e inclusă în nota de plată?
*sèrv**i**réa yé inkl**ou**seu oun n**o**ta dé pl**a**teu?*

est-ce qu'on peut payer par Carte Visa® ?
pot să plătesc cu cardul?
*pot seu pl**eu**tèsk kou k**a**rdoul?*

Comprendre

plătiţi împreună sau separat?
vous réglez tout ensemble ou séparément ?

LA CUISINE

ⓘ On retrouve dans la cuisine roumaine des variantes de nombreux plats turcs, grecs, autrichiens, et même français, russes, juifs, etc. Les plats ne sont pas très épicés, les condiments les plus utilisés étant les fines herbes (persil, aneth, thym, estragon, livèche).

Le petit déjeuner est généralement composé de fromage, jambon, œufs, beurre et confiture.

Le déjeuner standard comporte un potage, un plat principal de viande ou de poisson accompagné de salade, de légumes cuits ou de céréales (pommes de terre, riz, etc.), et un dessert. On peut varier avec des plats plus campagnards, tels que **mămăligă cu brânză**, sorte de polenta au fromage et à la crème fraîche. Les repas de fête donnent lieu à de véritables festins, où sont offertes d'innombrables entrées, suivies de plusieurs plats principaux avec différentes viandes, des **sarmale** (feuilles de chou ou de vigne farcies) ainsi que de nombreux desserts, le tout généreusement arrosé d'eau de vie (**ţuică**), de vin et de bière. Le jour suivant, une **ciorbă de burtă** (soupe de tripes finement coupées) est censée constituer un remède efficace contre la gueule de bois...

Les Roumains ont acquis depuis peu l'habitude de manger en ville : les pizzerias italiennes et les petits restaurants balkaniques où l'on mange des **kebabs** ou **shoarmas** (brochettes de viande) connaissent un succès considérable. Il existe actuellement une grande diversité de restaurants, des plus modestes aux plus sophistiqués. Même si tous ces restaurants ne peuvent offrir une cuisine aussi savoureuse et variée que celle qui est préparée à la maison (**acasă**), on peut y déguster d'excellents plats typiquement roumains. Pour les entrées, on peut choisir entre **zacuscă** (purée de légumes mijotes), **fasole bătută** (purée de haricots blancs à l'ail), **icre** (œufs de poisson à l'oignon), **caş** et **urdă** (variétés de fromage), **salată de vinete** (variante de caviar d'aubergine) ou encore **pastramă** (viande macérée dans des épices). Pour ceux qui ne veulent pas manger de viande, le **caşcaval pané** (fromage fondant pané) constitue une savoureuse alternative végétarienne. Les légumes étant issus de l'agriculture biologique, les salades sont excellentes. Dans les restaurants, elles sont cependant servies en petite quantité par rapport aux très copieux plats principaux.

Un trait particulier de la cuisine roumaine est sa diversité régionale : dans le Banat (limitrophe de la Serbie, à l'ouest), on note une forte influence centre-européenne (plats plus sucrés notamment) ; en Transylvanie, l'influence hongroise est évidente (usage du paprika) ; en Moldavie, le caractère paysan est plus marqué ; en Valachie, l'empreinte balkanique est prédominante ; et en Dobrodjia, région où il y a le plus grand choix de poissons, les saveurs turques sont très présentes. N'hésitez pas à goûter dans chaque région les plats spécifiques : les sauces de griottes (**sos de vişine**) ou de coing (**sos de gutui**) dans le Banat, le lard (**slană**) et les variétés de choux à la mode de Cluj en Transylvanie, les soupes aigries au **borş** (boisson à base de son fermenté) en Moldavie, les poireaux farcis (**praz umplut**) en Olténie, les soupes de poisson (**borş de peşte**) en Dobrodjia.

Comprendre

acru	aigre
afumat	fumé
amar	amer
dulce	sucré
fel de mâncare	plat cuisiné
fiert	bouilli
gratinat	gratiné
la cuptor	cuit au four
la grătar	au grill
la tigaie	à la poêle
murat	saumuré
natur	nature
pané	pané
prăjit	frit
ras	râpé
rece	froid
sărat	salé
soté	sauté
umplut	farci

Les différents types de restaurants et pâtisseries

auto-servire restaurant à prix modérés en self-service
bufet kiosque ou petit espace de restauration rapide
cherhana restaurant de poissons
cofetărie salon de thé-cafétéria proposant des spécialités de gâteaux
gelaterie marchand de glaces
kebabărie restaurant spécialisé dans les brochettes
langoşerie pâtisserie spécialisée dans les beignets sucrés ou salés
patiserie pâtisserie spécialisée dans les feuilletés
pizzerie pizzeria
plăcintărie pâtisserie spécialisée en **plăcinte**, feuilletés salés ou sucrés selon la farce (fromage blanc, viande, chou, champignons ou pomme de terre, ou fruits etc.), consommés tièdes
restaurant restaurant
şaormărie restaurant à prix modérés spécialisé dans les **shoarmas**

gustări reci entrées froides

ardei copţi poivrons grillés en vinaigrette
ardei umpluţi cu brînză poivrons farcis au fromage et à l'oignon
caşcaval afumat fromage fumé à pâte molle
chifteluţe boulettes de viande hachée, oignons et herbes
drob pâté d'agneau en crépine
fasole bătută purée de haricots blancs à l'ail et à l'huile
gustare rece assortiment de fromage (de type fêta), jambon, tomates, olives
homos houmous (crème de sésame aux pois chiches et à l'ail)
icre œufs de poisson à l'oignon
ouă umplute variante d'œufs mimosa (œufs durs farcis à la mayonnaise aux fines herbes)
ouă umplute cu şuncă şi salam œufs durs farcis au jambon et au salami
pastramă viande sèche (de mouton en général) salée, condimentée et fumée
roşii umplute cu peşte alb tomates farcies au poisson
roşii umplute cu salată de vinete tomates farcies au caviar d'aubergine
ruladă de ciuperci roulade de champignons au four

salată bœuf macédoine de légumes et de viande finement coupée à la mayonnaise
salată de ciuperci champignons crus à la vinaigrette
salată de conopidă chou-fleur à la mayonnaise à l'ail et au persil
salată de crudități salade de céleri, carottes et pommes râpés à la mayonnaise
salată de vinete variante de caviar d'aubergine au goût fumé
telemea sorte de feta de lait de vache, de brebis ou de bufflonne

● gustări calde entrées chaudes

cașcaval pané fromage fondant pané
cârnăciori Cabanos saucisses fines à la poêle
ciuperci umplute la cuptor champignons au fromage et aux fines herbes, préparés au four
clătite cu ciuperci crêpes aux champignons au four
creier pané cervelle de porc ou de veau panée
ficăței de pasăre foie de volaille à la poêle
mămăligă/mămăliguță cu brînză sorte de polenta au fromage **telemea** et à la crème fraîche
mici croquettes de porc et bœuf hachés et épic au barbecue

mititei = mici
ochiuri œufs sur le plat
ochiuri românești œufs pochés
omletă omelette

● supe, ciorbe soupes

borș de pește soupe de poisson aigrie avec du **borș** (boisson à base de son fermenté)
borș de sfeclă soupe de betteraves aigrie avec du **borș**
ciorbă de burtă soupe de tripes finement coupées avec de la crème fraîche, du vinaigre et du piment
ciorbă de perișoare soupe de légumes avec des boulettes de viande
ciorbă de potroace soupe aigrie aux abats de volaille
ciorbă de văcuță soupe de bœuf cuit avec des légumes
ciorbă țărănească soupe "paysanne", avec légumes et morceaux de viande

supă cremă potage
supă cu găluşte soupe de poulet aux boulettes de semoule
supă de legume soupe de légumes
supă de roşii soupe de tomates

feluri gătite plats chauds

ardei umpluţi poivrons farcis au riz et à la viande hachée
bulz boulettes de polenta (**mămăligă**), fromage, beurre et lait caillé au four, habituellement servies avec de la viande en petits morceaux (comme la **tochitură**)
chifteluţe în sos boulettes de viande hachée à la sauce tomate
ciulama de pui cu ciuperci poulet et champignons à la sauce blanche
escalop de ciuperci escalope de porc et champignons à la poêle
ghivechi ratatouille
iahnie de fasole cu ciolan afumat viande fumée sur l'os et haricots blancs
musaca de cartofi moussaka de pommes de terre
ostropel de pui ragoût de poulet à l'ail
pilaf cu ciuperci riz cuisiné avec de l'oignon et des champignons
plachie de peşte poisson sur son lit de tomates et oignons au four
pui cu smântână poulet à la crème fraîche
saramură de peşte poisson grillé, macéré dans une saumure aigrie et pimentée, puis cuit au court-bouillon salé avec du piment fort
sarmale feuilles de chou ou de vigne farcies avec du riz et de la viande hachée
sărmăluţe = sarmale
stufat viande préparée avec de l'oignon et de l'ail nouveaux
tocană cu carne ragoût de viande et de légumes
tocăniţă de mazăre ragoût végétal de petits pois, avec oignon, sauce tomate et fenouil
tochitură assortiment de viande et abats accompagné de polenta (**mămăligă**), fromage et crème fraîche
varză à la Cluj plat à base de chou, riz et viande hachée au four
varză cu cârnaţi saucisse et chou

carne viandes

antricot de vită/porc entrecôte de bœuf/porc
aripioare de pui ailes de poulet
ceafă de porc échine de porc
chiftele în sos brochettes de viande à la sauce tomate
ciocănele de pui partie inférieure de la cuisse de poulet
cotlet de vită/porc côtelettes de bœuf/porc
frigărui brochettes
friptură cu cartofi grillade avec pommes frites
friptură de vită/porc viande de bœuf/porc cuite sur le grill ou rôtie au four
muschiuleț de vită/porc filets de bœuf/porc
piept de pui blanc de poulet
pulpe de pui cuisses de poulet
şnițel escalope de veau panée

pește poissons

crap prăjit cu mămăligă şi mujdei carpe panée au **mămăligă** et à l'ail
filé de hering în sos tomat filets de hareng à la sauce tomate
hamsii prăjite sorte d'anchois servis en friture
macrou cu ciuperci şi sos de smântână maquereau préparé au four avec des champignons et de la crème fraîche
păstrăv la grătar truite au grill
somn rasol în sos picant silure (sorte de poisson-chat) à la sauce piquante
şalău prăjit cu usturoi filets de sandre (sorte de perche) frits à l'ail

salate salades

salată asortată salade de tomates, poivrons, concombre, oignons et fromage de type feta
salată de ardei copți poivrons grillés au vinaigre et à l'huile
salată de castraveți în oțet cornichons à la russe
salată de gogoşari în oțet variété de poivrons rouges (piment-tomate) au vinaigre
salată de murături concombres, carottes et poivrons saumurés

salată de roşii salade de tomates
salată de roşii cu ton salade de tomates et thon
salată de sfeclă roşie betterave râpée à la vinaigrette
salată de varză salade de chou blanc cru
salată de varză murată chou saumuré avec de l'huile au cumin ou au paprika
salată de varză roşie salade de chou rouge cru
salată verde salade verte (surtout laitue)

● garnituri garnitures

amestec mexican riz, poivron et maïs bouillis
cartofi ardeleneşti pommes de terres cuites à l'oignon et au paprika
cartofi gratinaţi pommes de terres gratinées
cartofi natur pommes de terre bouillies
cartofi prăjiţi frites
cartofi tărăneşti pommes de terres "à la paysanne", cuites au four avec oignon et lardons
ciulama de ciuperci champignons à la sauce blanche
mâncare de urzici orties cuites à l'ail
mâncare de varză choucroute sans viande
orez cu ciuperci riz aux champignons
pilaf riz cuisiné avec de l'oignon
pireu purée de pommes de terres à la crème fraîche ou au lait

● deserturi desserts

ℹ Les desserts sont inspirés de la pâtisserie française, quoique les crêpes roumaines (**clătite**) diffèrent sensiblement des crêpes bretonnes et que les **papanaşi** ne ressemblent que de très loin aux beignets. Les desserts turcs (**baclava, halva**) ou la pâtisserie locale au fromage frais (**plăcintă cu brânză**) sont également excellents.

baclava feuilletés recouverts de sirop de sucre et fourrés aux pistaches ou aux noix
budincă de vanilie/de ciocolată pudding à la vanille/au chocolat

clătite cu dulceaţă/gem/ciocolată/brînză dulce şi stafide crêpes à la confiture/à la gelée de fruits/au chocolat/au fromage frais et aux raisins secs
cremă de zahăr ars crème brûlée
halva pâte de graines de tournesol sucrée
îngheţată asortată assortiment de glaces de divers parfums
orez cu lapte riz au lait
papanaşi sorte de beignets nappés de crème fraîche, au sucre ou à la confiture
plăcintă cu brânză feuilleté au fromage frais sucré, consommé tiède
plăcintă cu mere feuilleté aux pommes, consommé tiède
poale-n brîu galettes de pâte et fromage frais
salată de fructe salade de fruits

Glossaire de l'alimentation

apă plată/minerală eau plate/gazeuse
ardei poivron
ardei iute piment piquant
banană banane
bere blondă/brună bière blonde/brune
borş soupe aigre
brânză de burduf fromage de brebis à pâte cuite, pétrie et légèrement piquante, conservé dans une panse de brebis
bulion purée de tomates
cafea café
cafea la filtru café filtre
cafea turcească café turc
caisă abricot
caltaboş andouille
cartof pomme de terre
castravete concombre, cornichon
caş fromage frais de vache ou brebis, à présure
caşcaval fromage à pâte fondante
căpşuni fraises
cârnat saucisse
ceai nom générique pour toute sorte d'infusions, y compris le thé
ceai de mentă tisane à la menthe
ceai negru thé noir
ceai verde thé vert
ceapă oignon
cimbru thym
ciocolată chocolat
ciolan viande sur l'os
ciorbă soupe orientale
cireşe cerises
ciuperci champignons
clătite crêpes
cocos noix de coco
compot compote de fruits

costiță afumată côtes de porc fumé
covrigi petites couronnes de pain craquant au sésame ou au pavot
cozonac brioche aux noix ou aux graines de pavot
curcan dinde
desert dessert
dovlecel courgette
dulceață confiture
expresso expresso
fasole haricots blancs
fasole verde haricots verts
fidea vermicelles
frigărui brochettes de viande de bœuf
fructe fruits
găină poule
găluşte boulettes de semoule
gâscă oie
gem gelée
ghiudem saucisson de mouton épicé
gogoşi beignets
grepfruit pamplemousse
iaurt yaourt
îngheţată glace
kebab brochette de viande
langoşi beignets fourrés au fromage, au chou ou aux pommes de terre
lapte lait
lapte bătut lait "battu" (mélange couramment consommé de petit lait et de lait caillé de saveur moins aigrelette que le yaourt)
lapte prins lait caillé
lămâie citron
legume légumes
limonadă citronnade
maioneză mayonnaise
mămăligă sorte de polenta
măr pomme
mărar aneth ou fenouil
măsline olives
măsline verzi olives vertes
midii moules
miel agneau
miere miel
morcov carotte

mujdei sauce à l'ail
murături légumes macérés dans du vinaigre ou de la saumure vinaigrée
mure mûres
must jus de raisin cuit
muştar moutarde
ness café instantané
nuci noix
oaie mouton
orez riz
oțet vinaigre
ou œuf
pară poire
parizer sorte de mortadella
paste pâtes
pastramă viande séchée, cuite, épicée et fumée
pătrunjel persil
pâine pain
pepene galben melon
pepene roşu pastèque
peşte poisson
piersică pêche

piper poivre
plăcintă feuilleté salé (à la viande, au fromage ou aux champignons) ou sucré (aux fruits)
porc porc
portocală orange
prăjitură gâteau, pâtisserie
prună prune
pui poulet
rață canard
roşie tomate
salam salami
salată salade
salată verde laitue
sardele sardines
sare sel
sângerete boudin noir
scorțişoară cannelle
slănină lard
smântână crème fraîche
sos sauce
spanac épinards
struguri raisin
sturion esturgeon
suc jus
supă soupe
şaorma brochette servie dans un pain spécial avec de la crème fraîche et des herbes
şuncă presată/de Praga jambon cuit
telemea sorte de fêta salée
tobă fromage de tête
tocană ragoût
ton thon
țelină céleri
țuică eau-de-vie (de prune essentiellement)
ulei huile
umplutură farce
unt beurre
untură saindoux
urdă fromage frais de lait de vache cuit dans le petit-lait
urzici orties
usturoi ail
varză chou
vânătă aubergine
vin alb vin blanc
vin dulce vin doux
vin fiert vin chaud
vin rosé vin rosé
vin roşu vin rouge
vin sec vin sec
vişine griottes
vită bœuf
vițel veau
zacuscă purée froide de légumes cuits (aubergines, tomates, poivrons, oignon, et parfois champignons), consommée en hiver
zahăr sucre
zmeură framboise(s)

SORTIR

Vous pouvez vous informer sur les spectacles, concerts et films par affichage, sur Internet ou en lisant la rubrique culturelle des grands journaux. Dans les grandes villes, divers guides des spectacles sont proposés gratuitement dans les clubs, les boîtes de nuit, les restaurants et à la réception des hôtels.À Bucarest, vous pouvez demander şapte seri. Les films en langue étrangère sont toujours sous-titrés.

Pour la plupart des Roumains, le restaurant est assez coûteux. On préfère donc passer son temps de loisir entre amis à la maison, autour d'un bon dîner arrosé de **ţuică** (alcool de prune) pour commencer, puis de bon vin si l'on résiste. Il est poli de ne pas venir les mains vides lorsqu'on est invité. Toutefois, l'habitude de sortir en ville s'est répandue parmi les jeunes. En été, les terrasses des grandes villes sont toujours pleines. On sort vers 20h et reste jusqu'à minuit ou plus tard. Les discothèques, qui se trouvent généralement dans le centre-ville et non en périphérie, sont très nombreuses. La ponctualité n'étant pas le fort des Roumains, si l'on vous dit **aşteptaţi puţin** (attendez un peu), vous pouvez vous attendre à attendre longtemps !

Pour commencer

bar	bar *bar*
boîte de nuit	local de noapte *lok**a**l dé nw**a**pté*
cinéma (lieu)	cinematograf *tchinématogr**a**f*; **(genre)** cinema *tchiném**a***
cirque	circ *tchirk*
concert de rock/jazz	concert de rock/jazz *kontch**è**rt dé rok/ djèz*
danse classique/contemporaine	dans clasic/contemporan *dans klas**i**k/ kontèmpor**a**n*
festival	festival *fèstiv**a**l*
fête	sărbătoare *seurbeutw**a**ré*
film	film *film*
folklorique	folcloric *folkl**o**rik*
groupe (de musique)	grup *group*

musique classique/ traditionnelle	muzică clasică/populară *m**ou**zikeu kl**a**sikeu/popoul**a**reu*
publicités	publicitate *poublitchit**a**té*
réserver	a rezerva *a rézèrv**a***
soirée (organisée)	petrecere *pétr**é**tchéré*
sortir	a ieşi *a yéch**i***
spectacle	spectacol *spèkt**a**kol*
théâtre	teatru *té**a**trou*
ticket	bilet *bil**è**t*

Proposer, inviter

S'exprimer

où est-ce qu'on peut aller ?
unde am putea să mergem?
*__ou__ndé am poutéa seu m**è**rdjèm?*

on va prendre un verre ?
mergem să bem ceva?
*m**è**rdjèm seu bèm tchév**a**?*

qu'est-ce que tu veux faire ?
de ce-ai avea chef?
*dé tché**a**y avé**a** kyèf?*

qu'est-ce que vous voulez faire ?
de ce-aţi avea chef?
*dé tché**a**ts avé**a** kyèf?*

qu'est-ce que tu fais ce soir ?
ce faci în seara asta?
*tché f**a**tchi oun sé**a**reu **a**sta?*

qu'est-ce que vous faites ce soir ?
ce faceţi în seara asta?
*tché f**a**tchèts oun sé**a**reu **a**sta?*

tu as quelque chose de prévu ?
eşti ocupat?
*yècht okoup**a**t?*

vous avez quelque chose de prévu ?
sunteţi ocupat?
*sountèts okoup**a**t?*

ça te dit de... ?
ţi-ar plăcea să... ?
*tsyar pleutché**a** seu...?*

ça vous dit de... ?
v-ar plăcea sa... ?
*var pleutché**a** seu...?*

on pensait aller à...
ne gândeam să mergem la...
*né goundé**a**m seu m**è**rdjèm la...*

aujourd'hui je ne peux pas mais un autre jour si tu veux
astăzi nu se poate, dar altădata dacă vrei
***a**steuz nou se pw**a**té, dar **a**lteud**a**ta d**a**keu vrèy*

avec plaisir
cu plăcere
*kou pleutch**é**ré*

je ne suis pas sûr de pouvoir
nu prea cred că pot
*nou pré**a** krèd keu pot*

Se retrouver

S'exprimer

ce serait possible de se retrouver un peu plus tard ?
am putea să ne întâlnim mai târziu?
*am pout**éa** seu né ountoulnim may tourziyou?*

je dois rejoindre... à 9 heures
trebuie să mă întâlnesc cu... la ora nouă
*tr**é**bouyé seu meu ountoulnèsk kou ... la **o**ra n**o**weu*

on se retrouve où ?
unde ne întâlnim?
***ou**ndé né ountoulnim?*

on se retrouve à quelle heure ?
la ce oră ne întâlnim?
*la tché **o**reu né ountoulnim?*

je ne sais pas où c'est mais je trouverai sur la carte
nu ştiu unde e, dar o să găsesc pe hartă
*nou chtiyou **ou**ndé yé, dar o seu gueusèsk pé H**a**rteu*

je vous rejoindrai plus tard, il faut que je passe à l'hôtel d'abord
ne întâlnim mai târziu, trebuie să trec pe la hotel
*né ountoulnim may tourziyou, tr**é**bouyé seu trèk pé la Hotèl*

tu auras mangé avant ?
ai mâncat deja ?
*ay mounk**a**t déjà?*

à demain soir
pe mâine seară
*pé m**ou**yné sé**a**reu*

désolé(e) d'être en retard
mă scuzaţi că am întârziat
*meu sk**ou**zats keu am ountourziy**a**t*

Comprendre

ţie îţi convine aşa?
est-ce que ça te va ?

trec să te iau pe la opt
je passerai te chercher vers 8 heures

ne întâlnim direct acolo
on se rejoint directement là-bas

ne întâlnim în faţa...
on se retrouve devant...

îţi dau numărul meu de telefon, mă suni mâine dacă vrei
je vais te donner mon numéro, tu n'as qu'à m'appeler demain

Quelques expressions familières

hai în oraş sortons en ville
hai să bem allez, buvons un coup
hai să mâncăm allons manger quelque chose

Cinéma, spectacles, concerts

S'exprimer

est-ce qu'il y a un guide des spectacles ?
aveţi un ghid al spectacolelor?
*av**è**ts oun guid al spèkt**a**kolélor?*

je voudrais trois places pour...
aş vrea trei locuri pentru...
*ach vrè**a** trè**y** l**o**kour p**è**ntrou...*

deux tickets, s'il vous plaît
două bilete, vă rog
*d**o**weu bil**é**té, veu rog*

ça s'appelle...
asta se cheamă...
***a**sta sé ky**a**meu...*

ça joue jusqu'à quand ?
până când se joacă?
*p**o**uneu kound sé jw**a**keu?*

je l'ai déjà vu en France, c'est pas mal
l-am văzut deja în Franţa, nu-i rău
*lam veuz**ou**t déj**à** oun fr**a**ntsa, n**ou**y reuw*

j'en ai entendu parler, il paraît que c'est...
am auzit despre asta, se pare că e...
*am awouz**i**t d**è**spré **a**sta, se p**a**ré keu yé...*

j'ai vu la bande-annonce, ça a l'air...
am văzut prezentarea, pare să fie...
*am veuz**ou**t prézènt**a**réa, p**a**ré seu f**i**yé...*

à quelle heure est le film ?
la ce oră începe filmul?
*la tché **o**reu ountch**é**pé f**i**lmoul?*

j'aimerais bien aller voir un spectacle
mi-ar plăcea tare mult să merg la un spectacol
*my**a**r pleutché**a** t**a**ré moult seu mèrg la oun spèkt*

je vais passer voir s'il reste des places
o să trec să văd dacă mai sunt bilete
*o seu trèk seu veud d**a**keu may sount bil**é**té*

est-ce qu'il faut réserver à l'avance ?
trebuie să rezervi de dinainte?
*tr**é**bouyé seu réz**è**rv dé dina-y**i**nté?*

est-ce qu'il reste des places un autre jour ?
mai sunt bilete în alte zile?
*may sount bil**é**té oun **a**lté z**i**lé?*

j'aimerais bien aller à un concert dans un café ou quelque chose comme ça
mi-ar plăcea să merg la un concert într-un club sau ceva de genul ăsta
*my**a**r pleutché**a** seu mèrg la oun kontch**è**rt ountr**ou**n kloub saw tchév**a** dé dj**é**noul **eu**sta*

est-ce qu'il y a des concerts gratuits ?
sunt concerte gratuite?
*sount kontch**è**rté gratw**i**té?*

c'est quel genre de musique ?
ce gen de muzică?
*tché djèn dé m**ou**zikeu?*

je n'aime pas beaucoup ce type de musique
nu prea-mi place genul ăsta de muzică
*nou pré**a**m pl**a**tché dj**é**noul **eu**sta dé m**ou**zikeu*

Comprendre

casă de bilete	billetterie
cinematecă	cinéma d'art et d'essai
lansat pe...	sortie le...
locuri fără vizibilitate	places sans visibilité
mega-producție	grosse production
rezervări	réservations

e un concert de muzică clasică în biserică
il y a un concert de musique classique dans l'église

e un concert în aer liber
c'est un concert en plein air

criticile sunt foarte bune
il y a de très bonnes critiques

începe săptămâna viitoare
ça sort la semaine prochaine

spectacolul e la ora opt la Teatral National
ça joue à 8h au Théâtre national

nu mai sunt locuri pentru acest spectacol
il n'y a plus de places pour cette séance

nu mai sunt bilete până pe...
c'est complet jusqu'au...

e preferabil să veniți cu un sfert de oră mai înainte
il est conseillé de venir un quart d'heure avant

biletele se pun în vânzare la intrare, cu o jumătate de oră înainte de începerea spectacolului
les places sont vendues à l'entrée, une demi-heure avant le spectacle

nu-i nevoie să rezervați de dinainte
ce n'est pas la peine de réserver à l'avance

piesa durează o oră și jumătate cu pauză
la pièce dure une heure et demie avec entracte

vă rugăm să vă închideți telefoanele mobile
prière d'éteindre votre portable

bis !
une autre ! **(chanson)**

Fêtes, soirées, discothèques

S'exprimer

j'organise une petite soirée pour mon départ
organizez o mică petrecere înainte de plecare
organizèz o mikeu pétrétchéré ouna-yinté dé plékaré

il y a un bal pour la fête du village ce soir
se face un bal cu ocazia sărbătorii satului în seara asta
*sé **fa**tché oun bal kou ok**a**ziya seurbeut**o**riy s**a**toulouy oun sé**a**reu **a**sta*

est-ce qu'il faut apporter quelque chose à boire ?
trebuie să aducem ceva de băut?
*tr**é**bouyé seu ad**ou**tchèm tchév**a** dé beuw**ou**t?*

on pourrait aller en boîte après
putem să mergem după aceea la un local
*pout**è**m seu mèrdj**è**m d**ou**peu atch**éé**a la oun lok**a**l*

l'entrée est payante ?
intrarea e cu plată?
*intr**a**r**é**a yé kou pl**a**teu?*

je dois retrouver quelqu'un à l'intérieur
trebuie să mă întâlnesc cu cineva înăuntru
*tr**é**bouyè seu meu ountoulnè**s**k kou tchinév**a** ouneuw**ou**ntrou*

vous me laisserez entrer quand je reviendrai ?
mă lăsaţi să intru când mă întorc?
*meu leus**a**ts seu **i**ntrou kound meu ount**o**rk?*

tu viens souvent ici ?
vii des aici?
*viy dès a-y**i**tch?*

je danse comme un pied
dansez ca un urs
*dans**è**z ka oun ours*

merci, mais je suis avec mon copain
mulţumesc, dar sunt cu prietenul meu
*moultsoum**è**sk, dar sount kou priy**é**ténoul mèw*

comment ça se danse ?
cum se dansează asta?
*koum sé dansé**a**zeu **a**sta?*

non merci, je ne fume pas
nu mulţumesc, nu fumez
*nou moultsoum**è**sk, nou foum**è**z*

Comprendre

bâlci fête foraine
consumaţie gratuită conso gratuite
defilare défilé
hram fête du saint patron
procesiune procession
vestiar vestiaire

se face un chef la...
il y a une soirée chez...

dansezi?
tu veux danser?

pot să îţi ofer ceva de băut?
je t'offre quelque chose à boire ?

este un restaurant cu o formaţie de muzică rock şi altul cu muzică românească
il y a un restaurant avec de la musique rock et un autre avec de la musique roumaine

ai un foc?
est-ce que tu aurais du feu ?

ai o ţigară?
est-ce que tu aurais une cigarette ?

eşti foarte frumoasă
tu es très belle

am putea să ne mai întâlnim?
on peut se revoir ?

pot să va conduc?
je peux vous raccompagner ?

VISITES TOURISTIQUES

L'Office national de tourisme (**ONT Carpaţi**) de Bucarest, situé sur la grande artère du centre, est ouvert les jours ouvrables de 9h à 18h, le samedi de 9h à 13h, et fermé le dimanche. Vous pourrez y trouver des plans de la ville et divers prospectus utiles.

L'entrée des musées est payante, moyennant un prix modique. Les jours et heures d'ouverture sont variables. Ainsi, le **Muzeul național de artă** de Bucarest est ouvert du mercredi au dimanche de 11h à 19h, mais fermé les lundi et mardi, tandis que le Musée du village (**Muzeul satului**) de Bucarest est ouvert de 9h à 19h, y compris le dimanche. Il existe de semblables musées ethnographiques en plein air dans d'autres grandes villes. Les nombreuses et parfois excellentes galeries des grandes villes témoignent de la vitalité de l'art contemporain en Roumanie.

Dans les nombreux et très actifs monastères orthodoxes, une tenue décente est de rigueur : hommes et femmes doivent avoir jambes et bras couverts.

Pour commencer

ancien — vechi *vék*
art moderne/contemporain — artă modernă/contemporană *arteu modèrneu/kontèmporaneu*
byzantin — bizantin *bizantin*
cathédrale — catedrală *katédraleu*
célèbre — celebru *tchélébrou*
centre-ville — centru *tchèntrou*
château — castel *kastèl*
église — biserică *bisérikeu*
exposition — expoziție *èkspozitsiyé*
galerie — galerie *galériyé*
guide (personne, livre) — ghid *guid*
littoral — litoral *litoral*
monastère — mânăstire *mouneustiré*
musée — muzeu *mouzèw*
office de tourisme — oficiu de turism *ofitchiou dé tourism*

orthodoxe — ortodox *ortod**o**ks*
parc — parc *park*
quartier — cartier *karti**è**r*
remparts — ziduri de apărare *zidour dé apeur**a**ré*
ruines — ruine *rouw**i**né*
siècle — secol *s**é**kol*
tableau — tablou *tabl**o**w*
touristique — turistic *tour**i**stik*
typique — tipic *t**i**pik*

S'exprimer

je voudrais avoir des renseignements sur...
aş vrea să-mi daţi informaţii despre...
*ach vré**a** seum dats informats**i**y d**è**spré...*

où est-ce que je peux trouver des informations sur... ?
unde aş putea găsi informaţii despre...?
***ou**ndé ach pouté**a** gueus**i** informats**i**y d**è**spré...?*

est-ce que vous auriez un plan de la ville ?
aveţi cumva un plan al oraşului?
*av**è**ts koumv**a** oun plan al or**a**choulouy?*

on m'a dit qu'il y a un ancien monastère qu'on peut visiter
mi s-a spus că există o veche mânăstire care se poate vizita
*mi sa spous keu ègz**i**steu o v**é**kyé mouneust**i**ré k**a**ré sé pw**a**té vizit**a***

vous pouvez me montrer où c'est sur le plan ?
aţi putea să-mi arătaţi pe plan unde este?
*ats pouté**a** seum areut**a**ts pé plan **ou**ndé y**è**sté?*

comment on y va ?
cum ajungem acolo?
*koum aj**ou**ndjèm ak**o**lo?*

c'est gratuit ?
intrarea e gratuită?
*intr**a**réa yé gratw**i**teu?*

quand est-ce que ça a été construit ?
când a fost construit(ă)...?
*kound a fost konstrouw**i**t(eu)...?*

Comprendre

deschis — ouvert
intrarea liberă — entrée libre

VISITES TOURISTIQUES

invazie	invasion
închis	fermé
lucrări de renovare/restaurare	travaux de rénovation/restauration
medieval	médiéval
oraşul vechi	vieille ville
război	guerre
sunteţi aici	vous êtes ici **(sur un plan)**
vizită ghidată	visite guidée

trebuie să întrebaţi când ajungeţi la faţa locului
il faut vous renseigner sur place

capela datează din secolul al XV-lea
la chapelle date du XVe siècle

numeroase case datează din Evul Mediu
plusieurs maisons remontent au Moyen Âge

Musées, expositions et monuments

S'exprimer

il paraît qu'il y a une très bonne expo sur... en ce moment
am auzit că e o expoziţie foarte bună despre... în perioada asta
*am awouz**i**t keu yé o èkspoz**i**tsiyé fw**a**rté b**ou**neu d**è**spré ... oun périyw**a**da **a**sta*

combien coûte l'entrée ?
cât costă intrarea?
*kout k**o**steu intr**a**réa?*

le ticket est valable aussi pour l'exposition ?
biletul e valabil şi pentru expozitie?
*bil**é**toul yé val**a**bil chi p**è**ntrou èkspoz**i**tsiyé?*

est-ce qu'il y a des réductions pour les jeunes ?
tinerii au reducere?
*t**i**nériy aw réd**ou**tchéré?*

est-ce que c'est ouvert le dimanche ?
e deschis duminica?
*yé dèsk**i**s doum**i**nika?*

VISITES TOURISTIQUES

deux tarifs réduits et un plein tarif
două bilete cu tarif redus şi un bilet cu tarif întreg
*d**o**weu bil**é**té kou tarif réd**ou**s chi oun bil**è**t kou tar**i**f ountr**è**g*

j'ai cette carte de mon université
am legitimaţia asta de la universitate
*am lédjitim**a**tsiya asta dé la ounivèrsit**a**té*

à quelle heure est la prochaine visite guidée ?
la ce oră e următoarea vizită ghidată?
*la tché **o**reu yé ourmeutw**a**r**éa** v**i**ziteu guid**a**teu?*

combien dure la visite ?
cât durează vizita?
*kout dour**éa**zeu v**i**zita?*

Comprendre

casă de bilete	billetterie
căşti	audiophone
expoziţie temporară/ permanentă	exposition temporaire/permanente
fotografierea interzisă	photos interdites
no flash	flash interdit
păstraţi liniştea	silence, s'il vous plaît
sens de vizitare	sens de la visite
ţinuta decentă obligatorie	tenue décente obligatoire
intrarea la muzeu costă...	l'entrée du musée coûte...

cu acest bilet puteţi să vizitaţi şi expoziţia
avec ce ticket, vous avez aussi accès à l'exposition

aveţi carnet de student ?
vous avez votre carte d'étudiant ?

e o vizită ghidată în franceză care începe în cinci minute
il y a une visite guidée en français qui commence dans cinq minutes

Impressions

S'exprimer

c'est magnifique
e superb
yé soupèrb

c'était magnifique
a fost superb
a fost soupèrb

ça ne m'a pas tellement plu
nu prea mi-a plăcut
nou préa mya pleukout

c'est cher pour ce que c'est
nu face banii
nou fatché baniy

c'est très touristique
e foarte turistic
yé fwarté touristik

il y avait énormément de monde
era prea multă lume
yéra préa moulteu loumé

finalement on n'y a pas été, il y avait trop de queue
nu am mai mers până la urmă, era prea mare coada
nou am may mers pouneu la ourmeu, yéra préa mare kwadeu

on n'a pas eu le temps de tout voir
n-am avut timp sa vedem totul
nam avout timp seu védèm totoul

Comprendre

trebuie neapărat să mergeţi să vedeţi...
il faut absolument que vous alliez voir...

vă recomand să mergeţi la...
je vous recommande d'aller à...

e o privelişte superbă a întregii văi
il y a une vue superbe sur toute la vallée

a devenit foarte turistic
c'est devenu très touristique

coasta a fost complet distrusă
la côte a été complètement défigurée

SPORTS ET JEUX

Dans les compétitions internationales, les Roumains ont acquis une solide réputation notamment en gymnastique, tennis et rugby, ainsi qu'en football (grâce au célèbre club **Steaua Bucureşti** "l'Étoile de Bucarest"). Le football est bien sûr très populaire, mais les jeunes fréquentent aussi assidûment les salles de fitness.

Les Carpates se prêtent aux randonnées pédestres. Vous trouverez dans les guides touristiques locaux toutes les informations utiles pour vous repérer, notamment à partir de la ville de Sinaia, point de départ de nombreuses excursions en montagne, avec possibilité de séjourner dans certains refuges (**cabană**). En hiver, vous disposerez de stations de ski bien équipées.

Sur la côte de la mer Noire, vous pourrez pratiquer divers sports nautiques.

Pour commencer

balle, ballon	minge *mind**jé***
cartes	cărţi ***keu**rts*
échecs	şah *chaH*
excursion	excursie *èksk**ou**rsiyé*
faire de la randonnée	a face drumeţii *a f**a**tché droumétsiy*
faire une partie de...	a face o partidă de... *a f**a**tché o parti**deu** dé...*
football	fotbal *f**o**tbal*
jeu de société	joc de societate *jok dé sotchiyét**a**té*
jouer à...	a juca... *a jouk**a**...*
jouer au football	a juca fotbal *a jouk**a** f**o**tbal*
match	meci *mètch*
piscine	piscină *pistch**i**neu*
sentier de randonnée	cărare *keur**a**ré*
ski alpin	schi alpin *ski alp**i**n*
ski de fond	schi de fond *ski dé fond*
skier	a schia *a skiy**a***
sport	sport *sport*
vélo	bicicletă *bitchikl**é**teu*

S'exprimer

je voudrais en louer pour une heure
aş vrea să închiriez pentru o oră
*ach vré**a** seu ounkiriy**è**z p**è**ntrou o **o**reu*

est-ce qu'on peut prendre des cours de... ?
am putea lua cursuri de...?
*am pouté**a** louw**a** k**ou**rsour dé...?*

combien ça coûte par heure et par personne ?
cât costă pe oră şi de persoană?
*kout k**o**steu pé **o**reu chi dé pèrsw**a**neu?*

je ne suis pas très sportif/sportive
nu sunt prea sportiv/sportivă
*nou sount pré**a** sport**i**v/sport**i**veu*

je n'en ai jamais fait
n-am făcut niciodată
*nam feuk**ou**t nitchyod**a**teu*

je n'en peux plus
nu mai pot
nou may pot

on a joué à/au...
am jucat...
*am jouk**a**t...*

je suis nul/nulle en...
habar n-am să...
*Hab**a**r nam seu...*

j'ai des courbatures
am febră musculară
*am f**é**breu mouskoul**a**reu*

on s'arrête pour pique-niquer ?
ne oprim să facem un pic-nic?
*né opr**i**m seu f**a**tchèm oun pikn**i**k?*

Comprendre

închireri de...
location de...

aveţi ceva noţiuni sau sunteţi complet începător?
est-ce que vous avez des notions ou vous êtes complètement débutant ?

trebuie să plătiţi o garanţie de...
il faut verser un acompte de...

asigurarea e obligatorie şi costă...
l'assurance est obligatoire et coûte...

Randonnée

S'exprimer

est-ce qu'il y a des sentiers de randonnée ?
existǎ drumuri marcate?
*èg**zi**steu dr**ou**mour mark**a**té?*

qu'est-ce que vous nous conseillez comme marche dans les environs ?
ce drumeţie ne recomandaţi în împrejurimi?
*tché droumétsi**i**yé né rékomand**a**ts oun oumpréjour**i**m?*

on m'a dit qu'il y a une très belle balade au bord du lac
mi s-a spus cǎ e un drum frumos pe lângǎ lac
*mi sa spous keu yé oun droum froum**o**s pé l**ou**ngueu lak*

on cherche une petite balade à faire dans le coin
vrem sǎ facem o scurtǎ drumeţie prin împrejurimi
*vrèm seu f**a**tchèm o sk**ou**rteu droumétsi**i**yé prin oumpréjour**i**m*

est-ce qu'il faut avoir des chaussures de randonnée ?
e nevoie de bocanci de munte?
*yé név**o**yé dé bok**a**ntch dé m**ou**nté?*

c'est une randonnée de combien d'heures ?
câte ore dureazǎ drumeţia asta?
*k**o**uté **o**ré douré**a**zeu droumétsi**i**ya **a**sta?*

est-ce que ça monte beaucoup ?
e urcuş greu?
*yé ourk**ou**ch gr**è**w?*

où est-ce que le sentier démarre ?
unde începe cǎrarea?
***ou**ndé ountch**é**pé keuraré**a**?*

est-ce que le chemin est balisé ?
cǎrarea e marcatǎ?
*keur**a**réa yé mark**a**teu?*

les balises sont-elles visibles ?
se vede marcajul?
*se v**é**dé mark**a**joul?*

on s'est baladés dans la campagne
ne-am plimbat pe dealuri
*né**a**m plimb**a**t pé dé**a**lour*

Comprendre

marcaj — repère de sentier pédestre
ocrotiți pădurea — protégez la forêt
timp — durée moyenne **(d'une randonnée)**

e un drum cam de trei ore cu tot cu pauze
c'est une marche d'environ trois heures en comptant les pauses

sunt recomandabili rucsacul şi bocancii
prévoyez un sac à dos et des chaussures de marche étanches

SPORTS ET JEUX

Ski

S'exprimer

je voudrais louer des skis, des bâtons et des chaussures de ski
aş vrea să închiriez schiuri, beţe şi clăpari
*ach vré**a** seu ounkiriy**è**z sk**i**your, b**é**tsé chi kleup**a**r*

elles sont trop petites
sunt prea mici
*sount pré**a** mitch*

un forfait pour une journée
tariful pentru o zi
*tar**i**foul p**è**ntrou o zi*

j'ai déjà fait du ski
am mai schiat
*am may skiyi**a**t*

Comprendre

tarif — forfait
telecabină, teleferic — remontée mécanique
telescaun — télésiège
teleschi — tire-fesses

Autres sports

S'exprimer

où peut-on louer des vélos ?
de unde se pot închiria biciclete ?
*dé **ou**ndé se pot ounkiriy**a** bitchikl**é**té?*

y a-t-il des pistes cyclables ?
există piste pentru biciclişti?
*ègz**i**steu p**i**sté p**è**ntrou bitchikl**i**cht?*

est-ce que quelqu'un aurait un ballon de foot ?
are cineva o minge de fotbal?
***a**re tchinév**a** o m**i**ndjé dé f**o**tbal?*

y a-t-il une piscine ?
există o piscină?
*ègz**i**steu o pistch**i**neu?*

je n'ai jamais fait de plongée avant
n-am mai făcut scufundări până acum
*nam may feuk**o**ut skoufound**eu**r p**ou**neu ak**ou**m*

je voudrais prendre des cours de voile pour débutants
aş vrea să fac cursuri de yole pentru începători
*ach vré**a** seu fak k**o**ursour de y**o**leu p**è**ntrou ountchépeut**o**r*

je cours tous les matins une demi-heure
alerg o jumătate de oră în fiecare dimineaţă
*al**è**rg o joumeut**a**té de **o**reu oun fiyék**a**ré diminé**a**tseu*

qu'est-ce que je fais si le kayak se renverse ?
ce fac dacă se răstoarnă caiacul?
*tché fak d**a**keu se reustw**a**rneu kay**a**koul?*

Comprendre

e un teren de tenis nu departe de gară
il y a un court de tennis pas loin de la gare

e prima dată când vă urcaţi pe un cal?
c'est la première fois que vous montez à cheval ?

ştiţi să înotaţi?
vous savez nager ?

joci baschet ?
est-ce que tu joues au basket ?

Jeux de société

S'exprimer

on se fait une partie de cartes ?
băgăm nişte cărţi?
*beugu**eu**m nichté keurts?*

c'est à ton tour de jouer
e rândul tău
*yé **rou**ndoul teuw*

tu veux prendre ta revanche ?
vrei să-ţi iei revanşa?
*vrèy seuts yèy rév**a**ncha?*

on s'arrête ou on joue la belle ?
ne oprim sau mai jucăm una să vedem cine bate?
*né opr**i**m saw may jouk**eu**m **u**na seu véd**è**m tch**i**né b**a**té?*

Comprendre

ştiţi să jucaţi şah?
vous savez jouer aux échecs ?

ai un pachet de cărţi?
est-ce que tu as un jeu de cartes ?

Quelques expressions familières

sunt rupt(ă) je suis rétamé(e)
m-a răpus il m'a littéralement écrasé
a scos untul din mine ça m'a complètement épuisé
m-a bătut la sânge j'ai pris une raclée

COURSES ET SHOPPING

ⓘ Les récents et encore peu nombreux supermarchés (**supermarket** et **hipermarket**) où l'on vend des produits d'importation acceptables commencent à se répandre. En revanche, les magasins de produits d'alimentation générale appelés **alimentară** qui n'ont qu'un choix assez restreint de conserves et autres produits tels que œufs, fromage, jambon, sont de moins en moins répandus. Les commerces de proximité sont désormais de petits magasins de quartier ouverts entre 8h et 20h ou 24h/24 et offrant toutes sortes de produits alimentaires. Les grands magasins dits **universal** se trouvent dans des galeries commerciales. Pour l'approvisionnement quotidien en produits frais, il faut avant tout compter sur les marchés (**piață**), généralement situés en plein centre-ville et ouverts entre 7h et 19h. Au marché, vous pouvez demander un sac plastique (**pungă**) pour emporter fruits et légumes, mais les vendeurs en manquent la plupart du temps. Il est donc conseillé d'avoir un sac à provisions. Pour les vêtements, on utilise de préférence les tailles italiennes et françaises. Les achats se payent en espèces.

Pour commencer

acheter	a cumpăra *a koumpeur**a***
bon marché	ieftin *y**è**ftin*
boulangerie	brutărie *brouteurié*
boutique	magazin *magaz**i**n*
bureau de tabac	tutungerie *toutoundjér**i**yé*
cadeau	cadou *kad**o**w*
caisse	casă *kaseu*
centre commercial	centru comercial *tch**è**ntrou komèrtchi**a**l*
cher	scump *skoump*
coûter	a costa *a kost**a***
grand magasin	magazin universal *magaz**i**n univèrs**a**l*
kilo	kilogram *kilogr**a**m*
magasin	magazin *magaz**i**n*
marché	piață *py**a**tseu*
pain	pâine *p**ou**yné*
payer	a plăti *a pleut**i***
prix	preț *prèts*

soldes reduceri *rédoutchér*
souvenir souvenir *souvénir*
supermarché supermarket *soupèrmarkèt*
ticket de caisse bon *bon*
vendeur vânzător *vounzeutor*
vendre a vinde *a vindé*
vêtements haine *Hayné*

S'exprimer

est-ce qu'il y a un supermarché dans le quartier ?
e vreun supermarket în zonă?
yé vréoun soupèrmarkèt oun zoneu?

où est-ce que je peux acheter des cigarettes ?
de unde aş putea să cumpăr ţigări?
dé oundé ach poutéa seu koumpeur tsigueur?

je voudrais...
aş vrea...
ach vréa...

nous voudrions...
am vrea...
am vréa...

je cherche...
caut...
kawout...

nous cherchons...
căutăm...
keuwouteum...

est-ce que vous avez... ?
aveţi...?
avèts...?

ça sera tout, merci
doar atât, mulţumesc
dwar atout, moultsoumèsk

est-ce que vous savez où je peux en trouver ?
ştiţi unde aş putea să găsesc?
chtits oundé ach poutéa seu gueusèsk?

est-ce que vous pouvez me le commander ?
puteţi să mi-l comandaţi?
poutèts seu mil komandats?

combien coûte ce... ?
cât costă acest...?
keut kosteu atchèst...?

c'est bon, je le prends
bine, îl iau
biné, oul yaw

je n'ai pas assez d'argent
nu am destui bani
nou am dèstouy ban

je n'ai pas beaucoup d'argent
nu am mulţi bani
nou am moultsi ban

vous ne pouvez pas me faire un petit rabais ?
nu puteţi să-mi faceţi o mică reducere?
*nou pout**è**ts seum f**a**tchèts o m**i**keu rédoutchéré?*

est-ce que je peux avoir un sac (plastique) ?
puteţi să-mi daţi o pungă?
*pout**è**ts seum dats o p**ou**ngueu?*

vous avez fait une erreur en me rendant la monnaie
aţi făcut o greşeală la rest
*ats feuk**ou**t o gréché**a**leu la rèst*

Comprendre

deschis 8-20 ouvert de 8h à 20h
închis duminica fermé le dimanche
închis între 13-15 fermé de 13h à 15h
lichidare soldes
reduceri promotion

mai doriţi ceva?
et avec ceci ?

vreţi o pungă?
est-ce que vous voulez un sac ?

Payer

S'exprimer

où est-ce qu'on paye ?
unde se plăteşte?
***ou**ndé se pleut**è**chté?*

combien je vous dois ?
cât trebuie să vă plătesc?
*kout tr**é**bouyé seu veu pleut**è**sk?*

pourriez-vous me l'écrire, s'il vous plaît ?
puteţi să mi-l scrieţi, vă rog?
*pout**è**s seu mil skr**i**yèts, veu rog?*

est-ce que je peux payer par Carte Visa® ?
pot să plătesc cu cardul?
*pot seu pleut**è**sk kou k**a**rdoul?*

est-ce que vous acceptez les cartes de crédit ?
acceptaţi cărţile de credit?
*aktchèpt**a**ts k**eu**rtsilé dé kr**é**dit?*

je vais payer en liquide
o să plătesc cash
o seu pleutèsk kach

je peux avoir un reçu ?
puteți să-mi dați un bon?
poutèts seum dats oun bon?

désolé, je n'ai pas de monnaie
îmi pare rău, n-am mărunt
oum paré reuw, nam meurount

est-ce que vous pouvez me faire de la monnaie ?
puteți să-mi dați mărunt?
poutèts seum dats meurount?

Comprendre

plata se face la casă payez à la caisse
n-aveți deloc mărunt ? vous n'avez pas du tout de monnaie ?
aveți nevoie de o factură ? avez-vous besoin d'une facture ?
trebuie să semnați aici je vais vous demander de signer là

Quelques expressions familières

asta-i jefuială curată ! c'est de l'arnaque !
costă ochii din cap ça coûte les yeux de la tête
e nimica toată c'est donné
n-am nici un sfanț je n'ai pas un rond

Alimentation

S'exprimer

où est-ce qu'on peut acheter à manger à cette heure-ci ?
unde am putea cumpăra de mâncare la ora asta?
oundé am poutéa koumpeura dè mounkarè la ora asta?

y a-t-il un marché ?
este o piață?
yèsté o pyatseu?

y a-t-il une boulangerie dans le coin ?
este o brutărie prin zonă?
yèsté o brouteuriyé prin zoneu?

COURSES ET SHOPPING

COURSES ET SHOPPING

je cherche le rayon des conserves
caut raionul de conserve
kawout rayonoul dé konsèrvé

je voudrais cinq tranches de jambon
aş vrea cinci felii de jambon
ach vréa tchintch féliy dé jambon

je vais prendre un petit morceau de ce fromage de brebis
aş lua o bucăţică de brânză de oaie *ach louwa o boukeutsikeu dé brounzeu dé wayé*

non, pas celui-ci, celui-là, plus à droite, oui c'est ça
nu, nu ăsta, acela, mai la dreapta, da, exact
nou, nou eusta, atchéla, may la dréapta, da, ègzakt

c'est pour quatre personnes
e pentru patru persoane
yé pèntrou patrou pèrswané

environ 300 grammes
vreo trei sute de grame
vréo trèy soute dé gramé

un kilo de pommes de terre, s'il vous plaît
un kilogram de cartofi, vă rog
oun kilogram dé kartof, veu rog

un peu plus
un pic mai mult
oun pik may moult

un peu moins
un pic mai puţin
oun pik may poutsin

c'est possible de goûter ?
se poate gusta?
se pwaté gousta?

ça se conserve bien ?
se conservă bine?
se konsèrveu biné?

on peut voyager avec ?
rezistă la transport?
rézisteu la transport?

Comprendre

data fabricaţiei date de fabrication
produse lactate produits laitiers
specialităţi locale spécialités de la région
valabil până la... à consommer avant le...

e o piaţă în fiecare zi până la ora 19
il y a un marché tous les jours jusqu'à 19h

e un magazin în colț care e deschis până seara târziu
il y a un magasin juste au coin de la rue qui reste ouvert tard le soir

e un non-stop în zonă
Il y a un magasin ouvert 24h/24 dans le quartier

Habillement

S'exprimer

je cherche le rayon hommes
caut raionul bărbați
*k**a**wout ray**o**noul beurb**a**ts*

je peux l'essayer ?
pot să probez?
*pot seu pr**o**béz?*

non, merci, je regarde seulement
mulțumesc, doar mă uit
*moultsoum**è**sk, dwar meu wit*

c'est trop large
e prea mare
*yé pré**a** m**a**re*

je voudrais essayer celui-là qui est en vitrine
aş vrea să-l probez pe cel din vitrină
*ach vré**a** seul pr**o**béz pé tchèl din vitr**i**neu*

où sont les cabines d'essayage ?
unde e cabina de probă?
***ou**ndé yé kab**i**na dé pr**o**beu?*

vous ne l'avez pas dans une autre couleur ?
nu aveți modelul ăsta pe altă culoare ?
*nou av**è**ts mod**è**loul **eu**sta pé **a**lteu koulw**a**ré?*

est-ce que vous l'avez dans une plus petite/grande taille ?
nu aveți un număr mai mic/mai mare?
*nou av**è**ts oun n**ou**meur may mik/may m**a**ré?*

est-ce que vous les avez en rouge ?
aveți modelul ăsta pe roşu?
*av**è**ts mod**è**loul **eu**sta pé r**o**chou?*

je chausse du 39
port treizeci şi nouă
*port trèyz**è**tch chi n**o**weu*

non, je n'aime pas
nu, nu-mi place
*nou, noum pl**a**tché*

oui, ça va, je les prends
da, o să le cumpăr
*da, o seu lé k**ou**mpeur*

je vais réfléchir
să mă gândesc
*seu meu gound**è**sk*

Comprendre

cabină de probă cabine d'essayage
Haine bărbaţi vêtements pour hommes
Haine copii vêtements pour enfants
Haine femei vêtements pour femmes

marfa vândută nu se schimbă
les articles vendus ne peuvent pas être échangés

bună ziua, cu ce vă pot ajuta?
bonjour, je peux vous aider ?

nu mai avem decât pe albastru si negru
il ne nous en reste que en bleu ou en noir

nu mai avem decât numărul ăsta
il ne nous en reste plus dans cette taille

vă stă bine
ça vous va bien

atunci? cum vi se pare?
alors ? qu'est-ce que vous en pensez ?

Souvenirs et cadeaux

S'exprimer

je cherche un cadeau à ramener
caut un cadou pentru acasă
*k**a**wout oun kad**o**w p**è**ntrou ak**a**seu*

je voudrais quelque chose de facile à transporter
aş vrea ceva uşor de transportat
*ach vré**a** tchév**a** ouch**o**r dé transport**a**t*

c'est pour une petite fille de quatre ans
e pentru o fetiţă de patru ani
*yé p**è**ntrou o féti**t**seu dé p**a**trou **a**ni*

est-ce que vous pouvez me faire un paquet-cadeau ?
mi l-aţi putea împacheta pentru cadou?
*mi lats poutéa oumpakét**a** p**è**ntrou kad**o**w?*

Comprendre

de lemn/argint/aur/ lână/bumbac	en bois/argent/or/laine/coton
fabricat manual	fait main
produs artizanal	produit artisanal
termen de garanţie	délai de garantie

depinde, cât sunteţi dispus să plătiţi?
ça dépend, combien êtes-vous prêt à dépenser ?

vreţi să îl faceţi cadou?
c'est pour offrir ?

PHOTO

ℹ Vous n'aurez aucun mal à trouver des magasins spécialisés, généralement situés dans les galeries commerciales du centre-ville. Si vous voulez qu'on vous photographie avec votre appareil dans la rue, demandez plutôt à des personnes jeunes, car les gens âgés, peu habitués, risquent d'être désemparés.

Pour commencer

appareil jetable	aparat de unică folosință *apar**a**t de **ou**nikeu folos**i**ntseu*
appareil numérique	aparat numeric *apar**a**t num**é**rik*
appareil photo	aparat de fotografiat *apar**a**t dé fotografiy**a**t*
brillant	strălucitor *streuloutchit**o**r*
couleur	culoare *koulw**a**ré*
diapositive	diapozitive *dyapoziti**v**é*
exemplaire	exemplar *ègzèmpl**a**r*
faire développer des photos	a developa fotografiile *a dévélop**a** fotografiy**i**lé*
mat	mat *mat*
noir et blanc	alb şi negru *alb chi n**é**grou*
pellicule	film *film*
photo	fotografie *fotograf**i**yé*, poză *p**o**zeu*
pose	poziție *poz**i**tsiyé*
prendre des photos	a face fotografii/poze *a f**a**tché fotograf**i**y/p**o**zé*

S'exprimer

est-ce que vous pourriez nous prendre en photo ?
ne puteți face o fotografie?
*né pout**è**ts f**a**tché o fotograf**i**yé?*

il suffit d'appuyer sur ce bouton
trebuie doar să apăsați pe butonul ăsta
*tr**é**bouyé dwar seu apeus**a**ts pé bout**o**noul **eu**sta*

PHOTO

je voudrais une pellicule couleur 200 ASA
aş vrea un film 200 ASA color
*ach vré**a** oun film d**o**weu s**ou**te az**a** color*

est-ce que vous avez des pellicules noir et blanc ?
aveţi filme alb-negru?
*av**è**ts f**i**lmé alb-n**é**grou?*

combien ça coûte pour développer une pellicule de 36 poses ?
cât costă să developezi un film de treizeci şi şase de poziţii?
*kout k**o**steu seu dévélop**è**z oun film dé trèyz**è**tch chi ch**a**se dé poz**i**tsiy?*

je voudrais faire développer cette pellicule
aş vrea să developez filmul ăsta
*ach vré**a** seu dévélop**è**z f**i**lmoul **eu**sta*

est-ce que vous développez les photos numériques ?
developaţi şi fotografii numerice?
*dévélop**a**ts chi fotograf**i**y noum**é**ritché?*

est-ce que vous pourriez mettre ces photos sur CD ?
puteţi să puneţi fotografiile pe CD?
*pout**è**ts seu poun**è**ts fotografiy**i**lé pé sid**i**?*

est-ce que vous avez des cartes mémoire ?
aveţi cartele de memorie?
*av**è**ts kartélé dé mém**o**riyé?*

je voudrais faire des doubles de certaines photos
câteva poze aş vrea să le fac în mai multe exemplare
*koutév**a** p**o**zé ach vré**a** seu lé fak oun may m**ou**lté ègzèmpl**a**ré*

trois exemplaires de la numéro quatre et un de la sept
poziţia patru în trei exemplare şi poziţia şapte, un exemplar
*poz**i**tsiya p**a**trou oun trèy ègzèmpl**a**ré chi poz**i**tsiya ch**a**pté, oun ègzèmpl**a**r*

je viens chercher mes photos
am venit după poze
*am vén**i**t d**ou**peu p**o**zé*

j'ai un problème avec mon appareil photo
am o problemă cu aparatul de fotografiat
*am o probl**é**meu kou apar**a**toul dé fotografiy**a**t*

je ne sais pas ce que c'est
nu ştiu ce-o fi
*nou cht**i**you tché**o** fi*

PHOTO

le flash ne marche pas
nu merge blitz-ul
*nou m**è**rdjé bl**i**tzoul*

je n'ai pas pris beaucoup de photos
n-am făcut multe poze
*nam feuk**ou**t m**ou**lté p**o**zé*

Comprendre

probabil s-a terminat bateria
c'est peut-être la pile qui est morte
developăm şi fotografii numerice
nous développons aussi les photos numériques
să ştiţi că dublurile sunt la jumătate de preţ
si ça vous intéresse, les doubles sont à moitié prix
pe ce nume?
c'est à quel nom ?
când veniţi după ele?
vous les voulez pour quand ?
vi le putem scoate peste o oră
on peut vous les développer en une heure
sunt gata joi la prânz
vos photos seront prêtes à partir de jeudi midi

LA BANQUE

ℹ Les distributeurs automatiques sont encore rares en Roumanie. On en trouve avant tout à proximité de quelques grandes banques. Les horaires d'ouverture des banques ne sont pas unifiés mais en règle générale, elles sont ouvertes du lundi au vendredi jusqu'à 17h. Il est préférable de changer de l'argent auprès des banques plutôt que dans les nombreux bureaux de change situés dans les hôtels et les rues principales.

Pour commencer

banque bancă *b**a**nkeu*
billet (de banque) bancnotă *bankn**o**teu*
bureau de change casă de schimb *k**a**seu dé skimb*
carte de crédit carte de crédit *k**a**rte dé kr**é**dit*
Carte Visa® card Visa® *kard v**i**za*
changer de l'argent a schimba bani *a skimb**a** ban*
chèque cec *tchèk*
code confidentiel cod *kod*
commission comision *komisiy**o**n*
compte (bancaire) cont bancar *kont bank**a**r*
distributeur (automatique) bancomat *bankom**a**t*
guichet ghişeu *guich**è**w*
pièce (de monnaie) monedă *mon**è**deu*
retirer de l'argent a scoate bani *a skw**a**té ban*
retrait retragere numerar *rétr**a**djéré noumér**a**r*
Travellers Chèque® Cec Travellers *tchèk trèvlèrs*
virement virament *viram**è**nt*

S'exprimer

où est-ce qu'il y a un bureau de change ?
unde e un birou de schimb?
***ou**ndé yé oun bir**o**w dé skimb?*

les banques sont-elles ouvertes le samedi ?
băncile sunt deschise sâmbăta?
*b**eu**ntchilé sount desk**i**sé s**ou**mbeuta?*

LA BANQUE

je cherche un distributeur automatique
caut un bancomat
*k**a**wout oun bankom**a**t*

je voudrais changer 80 euros
aş vrea sa schimb optzeci de euro
*ach vré**a** seu skimb obz**é**tch dé éwour**o***

qu'est-ce que vous prenez comme commission ?
luaţi un comision?
*louw**a**ts oun komisiy**o**n?*

je voudrais faire un virement
aş vrea să fac un virament
*ach vré**a** seu fak oun viram**è**nt*

ça va prendre combien de temps ?
cât timp o să dureze?
*kout timp o seu dour**é**zé?*

j'attends un mandat
aştept un mandat
*acht**è**pt oun mand**a**t*

je voudrais signaler la perte de mes cartes de crédit
vreau să declar pierderea cărţii de credit
*vréaw seu dékl**a**r py**è**rdéréa keurts**i**y dé kr**é**dit*

le distributeur de billets a avalé ma carte
bancomatul mi-a înghiţit cardul
*bankom**a**toul my**a** ounguits**i**t k**a**rdoul*

Comprendre

introduceţi cardul insérez votre carte
cod? tapez votre code confidentiel
suma dorită choisissez votre montant
doriţi chitanţă? retrait avec reçu
bancomatul nu funcţionează momentan
appareil momentanément hors service

LA POSTE

ⓘ Vous pourrez vous procurer des timbres à la poste (au risque d'y faire la queue) ainsi que dans les bureaux de tabac, les hôtels et les librairies. La plupart des bureaux de poste ouvrent du lundi au vendredi de 8h à 20h et le samedi de 8h à 12h. Les boîtes aux lettres sont jaunes et portent la mention **Poştă**.

Pour commencer

boîte aux lettres cutie poştală *kout**i**yé pocht**a**leu*
bureau de poste poştă *p**o**chteu*
carte postale vedere *véd**é**ré*
code postal cod poştal *kod pocht**a**l*
colis pachet *pak**é**t*
courrier corespondenţă *korèspond**è**ntseu*
écrire a scrie *a skr**i**yé*
enveloppe plic *plik*
envoyer a trimite *a trim**i**té*
lettre scrisoare *skrisw**a**ré*
recevoir a primi *a prim**i***
timbre timbru *t**i**mbrou*

S'exprimer

où est-ce que je peux trouver un bureau de poste ?
unde pot să găsesc un oficiu poştal?
***ou**ndé pot seu gueus**è**sk oun of**i**tchiyou pocht**a**l?*

y a-t-il une boîte aux lettres par ici ?
este pe aici vreo cutie postală?
*y**è**sté pé a-y**i**tch vré**o** kout**i**yé pocht**a**leu?*

est-ce que la poste est ouverte le samedi ?
poşta e deschisă sâmbăta?
*p**o**chta yé dèsk**i**seu s**ou**mbeuteu?*

à quelle heure ferme la poste ?
la ce oră se închide poşta?
*la tché **o**reu se ounk**i**dé p**o**chta?*

Abréviations courantes

al. = aleea **allée**
ap. = apartamentul **appartement**
b-dul = bulevardul **boulevard**
bl. = blocul **immeuble**
c. = calea **voie**
cod = codul **code postal**
et. = etajul **étage**
int. = intrarea **entrée**
nr. = număr **numéro**
p. = piaţa **place**
sc. = scara **escalier**
spl. = splaiul **quai**
str. = stradă **rue**
şos. = şoseaua **route/chaussée**

corespondenţa se ridică la... levée à...
destinatar destinataire
expeditor expéditeur

ajunge cam peste patru zile cel mai puţin şi opt zile cel mai mult
ça met entre quatre et huit jours

INTERNET

Les Roumains utilisent le clavier international QWERTY (différent du clavier français AZERTY) : sur la première rangée de lettres, on a **qwertyuiopăî**, sur la deuxième rangée **asdfghjklşţâ**, et sur la troisième rangée **zxcvbnm**. La plupart des cafés Internet ont des ordinateurs à claviers roumain et anglais (dans le cas des logiciels, la variante anglaise est courante). Le réseau des cafés Internet est bien développé, et la majorité des Roumains possèdent une adresse électronique.

Pour commencer

adresse e-mail	adresă de e-mail *adr**è**seu dé im**è**yl*
arobase	a rond *a rond*
café Internet	internet café *intern**è**t kaf**é***
clavier	tastatură *tastat**ou**reu*
coller	a lipi *a lip**i***
copier	a copia *a kopiy**a***
couper	a decupa *a dèk**ou**pa*
disquette	dischetă *disk**è**teu*
effacer	a şterge *a cht**è**rdjé*
e-mail	e-mail *im**è**yl*
envoyer un e-mail	a trimite un e-mail *a trim**i**té oun im**è**yl*
mot de passe	parolă *par**o**leu*
recevoir	a primi *a prim**i***
sauvegarder	a salva *a salv**a***
télécharger	a coborî de pe internet *a kobor**ou** dé pé int**è**rn**è**t*
touche	tastă *t**a**steu*

S'exprimer

y a-t-il un café Internet ici ?
e vreun internet café pe aici?
*yé vréw**ou**n intèrn**è**t kaf**é** pé a-y**i**tch?*

je dois aller au café Internet pour lire mes mails
trebuie să merg la internet café ca să îmi citesc e-mailurile
*t**ré**bouyé seu mèrg la intèr**nèt** ka**fé** ka seu oum tchi**tè**sk im**è**ylourilé*

est-ce que vous avez une adresse e-mail ?
aveţi o adresă de e-mail?
*a**vè**ts o ad**ré**seu dé im**è**yl?*

je voudrais une place
aş vrea un loc
ach vréa oun lok

comment est-ce que je me connecte ?
cum mă conectez?
*koum meu konèk**tè**z?*

est-ce que vous pouvez m'aider ?
puteţi să mă ajutaţi?
*pou**tè**ts seu meu ajou**ta**ts?*

je ne sais pas comment ça marche
nu ştiu cum funcţionează
*nou ch**ti**you koum founktsyoné**a**zeu*

je ne trouve pas l'arobase sur le clavier
nu găsesc a rond pe tastatură
*nou gueu**sè**sk a rond pé tasta**tou**reu*

ça ne marche pas
nu merge
*nou **mè**rdjé*

il y a un problème, c'est bloqué
e o problemă, s-a blocat
*yé o prob**lé**meu , sa blo**ka**t*

Comprendre

mesaje primite	boîte de réception
mesaje trimise	boîte d'envoi

trebuie să aşteptaţi douăzeci de minute
il y a environ 20 minutes d'attente

vedeţi că mai este un internet café care nu-i departe
sachez qu'il y a un autre café Internet pas loin d'ici

TÉLÉPHONE

ℹ Les cartes téléphoniques traditionnelles ou cartes prépayées à codes sont en vente dans les bureaux de poste, les kiosques à journaux, ainsi que dans de nombreuses boutiques, notamment les magasins ouverts 24h/24. Les téléphones à pièces n'existent plus. La majorité des Roumains possède un téléphone portable, dont l'usage s'est répandu récemment.

Pour appeler la France, composez le 00 33 suivi du numéro à neuf chiffres (c'est-à-dire sans le 0 initial). L'indicatif de la Belgique est le 00 32 et celui de la Suisse le 00 41. Pour appeler la Roumanie depuis l'étranger, composez le 00 40 suivi de l'indicatif de la ville (21 pour Bucarest) et du numéro à sept chiffres.

Les numéros de téléphone s'énoncent le plus souvent par unités, mais un numéro double tel que 55 peut également être énoncé **cincizeci şi cinci**. Pour épeler, on dira par exemple **B de la Bucureşti** (B comme Bucarest).

Pour commencer

allô — alo *al**o***
annuaire — carte de telefoane *k**a**rté dé téléfo**a**né*
appeler — a suna *a soun**a***
cabine téléphonique — cabină telefonică *kab**i**neu téléf**o**nikeu*
carte de téléphone — cartelă telefonică *kart**é**leu téléf**o**nikeu*
indicatif (téléphonique) — prefix *préf**i**ks*
message — mesaj *més**a**j*
numéro de téléphone — număr de telefon *n**ou**meur dé téléf**o**n*
Pages Jaunes® — Pagini aurii *p**a**djin awour**i**y*
renseignements — informaţii *inform**a**tsiy*
répondeur — robot *rob**o**t*
SMS — SMS *sé mé sé*
téléphone — telefon *téléf**o**n*
téléphone portable — telefon mobil *téléf**o**n mob**i**l*
téléphoner — a telefona *a téléfon**a***

S'exprimer

où est-ce que je peux acheter une carte de téléphone ?
de unde aş putea să cumpăr o cartelă telefonică?
*dé **ou**ndé am pouté**a** seu k**ou**mpeur o kart**é**leu téléf**o**nikeu?*

une carte de téléphone de ... lei, s'il vous plaît
o cartelă telefonică de ... lei, vă rog
*o kart**é**leu téléf**o**nikeu dé ... lèy, veu r**o**g*

est-ce que vous savez s'il y a une cabine téléphonique près d'ici ?
nu ştiţi dacă e vreo cabină telefonică pe aici pe aproape?
*nou chtits d**a**keu yé vré**o** kab**i**neu téléf**o**nikeu pé a-y**i**tch pé aprw**a**pé?*

je voudrais appeler en PCV
aş vrea să dau un telefon cu taxă inversă
*ach vréa seu daw oun téléf**o**n kou t**a**xeu inv**é**rseu*

est-ce que vous pouvez répéter plus lentement ?
puteţi să repetaţi puţin mai rar?
*pout**è**ts seu répét**a**ts pouts**i**n may rar?*

est-ce que vous pouvez parler plus fort ?
puteţi să vorbiţi mai tare?
*pout**è**ts seu vorb**i**ts may t**a**ré?*

est-ce que vous parlez français ?
vorbiţi franceza?
*vorb**i**ts frantch**é**za?*

est-ce qu'il y a une prise pour que je recharge mon portable ?
e vreo priză ca să-mi reîncarc mobilul ?
*yé vré**o** pr**i**zeu ka seum réounk**a**rk mob**i**loul?*

est-ce que vous avez un numéro de portable ?
aveţi un număr de telefon mobil?
*av**è**ts oun n**u**meur dé téléf**o**n mob**i**l?*

où est-ce que je peux vous joindre pendant la journée ?
la ce număr de telefon v-aş putea găsi ziua?
*la tché n**ou**meur dé téléf**o**n vach pouté**a** gueusi z**i**ywa?*

as-tu/avez-vous eu mon message ?
ai/aţi găsit mesajul de la mine?
*ay/ats gueus**i**t més**a**joul dé la m**i**né?*

Comprendre

apăsați pe tasta diez — appuyez sur la touche dièse

Formules usuelles

S'exprimer

allô, qui est à l'appareil ?
alo, cine-i la telefon?
alo, tchiné yé la téléfon?

c'est de la part de qui ?
cine-l/cine-o caută?
tchinél/tchinéw kawouteu?

allô, c'est Pierre, pourrais-je parler à ... ?
alo, aici e Pierre, aş putea să vorbesc cu ...?
alo, a-yitch yé pièr, ach poutéa seu vorbèsk kou...?

allô, David ?
alo, David?
alo, david?

je vous le passe
vi-l dau imediat
vil daw imédiyat

allô, bonjour, je voudrais parler à M. ..., de la part de ...
alo, bună ziua, aş vrea să vorbesc cu domnul ... sun din partea ...
alo, bouneu ziwa, ach vréa seu vorbèsk kou domnoul ... soun din partéa ...

un instant, s'il vous plaît
imediat
imédiyat

ne quittez pas
rămâneţi la telefon
reumounèts la téléfon

il est sorti
nu-i acasă
nouy akaseu

vous vous êtes trompé de numéro
e greşeală
yé gréchéaleu

il sera de retour dans une demi-heure
se întoarce în jumătate de oră
se ountwartché oun joumeutaté dé oreu

je voudrais cinq timbres pour la France
aş vrea cinci timbre pentru Franţa
*ach vré**a** tchintch t**i**mbré p**è**ntrou fr**a**ntsa*

combien coûte un timbre pour la Suisse ?
cât costă un timbru pentru Elveţia?
*kout k**o**steu oun t**i**mbrou p**è**ntrou èlv**é**tsiya?*

je voudrais envoyer ce colis à Lyon par avion
aş vrea să trimit pachetul ăsta la Lyon par avion
*ach vré**a** seu trim**i**t pak**é**toul **eu**sta la liy**o**n par aviy**o**n*

combien de temps ça met pour arriver ?
când ajunge la destinaţie?
*kound aj**ou**ndjé la dèstin**a**tsiyé?*

où est-ce que je peux acheter des enveloppes ?
de unde aş putea să cumpăr plicuri?
*dé **ou**ndé ach pouté**a** seu k**ou**mpeur pl**i**kour?*

y a-t-il du courrier pour moi ?
am primit ceva corespondenţă?
*am primit tchév**a** korèspond**è**ntseu?*

si je reçois du courrier, est-ce que vous pourriez me le faire suivre en France ?
dacă o să primesc ceva prin poştă, aţi putea să îmi trimiteţi în Franţa?
*d**a**keu o seu prim**è**sk tchév**a** prin p**o**chteu, ats pouté**a** seu oum trim**i**tèts oun fr**a**ntsa?*

Comprendre

Déchiffrer les adresses

Libellé standard d'une adresse : **Radu Popescu, str. G. Enescu nr. 10, bl. A3, sc. A, et. III, ap. 14, Bucureşti, sector 3, cod. 70155, România**

Notez que le numéro de rue est donné après et non avant le nom de la rue.

pouvez-vous lui dire que j'ai appelé ?
puteţi să-i ziceţi că l-am sunat/că am sunat-o?
*pout**è**ts seuy **zi**tchèts keu lam soun**a**t/keu am soun**a**t-o?*

vous avez de quoi écrire ?
aveţi ceva de scris?
*av**è**ts tchév**a** dé skris?*

mon nom est ... et mon numéro le ...
mă cheamă ... şi am numărul de telefon ...
*meu ky**a**meu ... chi am n**ou**meuroul dé téléf**o**n ...*

est-ce que vous pouvez lui demander de me rappeler ?
puteţi să îi spuneţi să mă sune?
*pout**è**ts seu ouy sp**ou**nèts seu meu s**ou**né?*

est-ce que vous savez quand je peux le joindre ?
nu ştiţi cam când l-aş putea găsi?
*nou chtits kam kound lach poutéa**a** gueus**i**?*

il peut me joindre au ...
poate să mă sune la ...
*pw**a**té seu meu s**ou**né la ...*

je rappellerai plus tard
o să sun mai târziu
*o seu soun may tourz**i**you*

je vous remercie, au revoir
vă mulţumesc, la revedere
*veu moultsoum**è**sk, la révéd**é**ré*

je t'appelle sur le téléphone fixe ?
te sun pe fix?
té soun pé fiks?

Comprendre

o clipă, vi-l/v-o dau imediat
un instant, je vous le/la passe

nu-i aici, vreţi sa îi transmiteţi ceva?
il n'est pas là, est-ce que vous voulez laisser un message ?

îi spun că aţi sunat
je lui dirai que vous avez appelé

lăsaţi mesajul după semnalul sonor
veuillez laisser un message après le bip

Problèmes

S'exprimer

je ne connais pas l'indicatif
nu ştiu prefixul
*nou cht**i**you préf**i**ksoul*

ça sonne occupé
sună ocupat
*s**ou**neu okoup**a**t*

ça ne répond pas
nu răspunde
*nou reusp**ou**ndé*

je n'ai pas réussi à le joindre
n-am reuşit să dau de el
*nam réouch**i**t seu daw dé yèl*

il ne me reste plus beaucoup d'unités sur ma carte
nu mai am multe unităţi pe cartelă
*nou may am m**ou**lté ounit**eu**ts pé kart**é**leu*

attends, ça va couper, il faut que je change de carte
stai, o să se întrerupă, trebuie să schimb cartela
*stay, o seu sé ountrér**ou**peu, tr**é**bouyé seu skimb kart**é**la*

il n'y a pas de réception ici
nu-i semnal aici
*nouy sèmn**a**l a-y**i**tch*

il y a une très mauvaise réception
se aude foarte prost
*sé aw**ou**dé fw**a**rté prost*

savez-vous où je peux trouver une recharge pour mon portable ?
nu ştiţi cumva unde aş putea să-mi încarc mobilul?
*nou chtits koumv**a** **ou**ndé ach pout**éa** seum ounk**a**rk mob**i**loul?*

est-ce que je peux brancher mon portable ici pour le recharger ?
pot să folosesc priza asta ca să îmi încarc mobilul?
*pot seu folos**è**sk priza **a**sta ka seu oum ounk**a**rk mob**i**loul?*

Comprendre

număr inexistent ce numéro n'est pas attribué
s-a întrerupt on a été coupés

greşeală! c'est une erreur !
vă aud foarte prost je vous entends très mal
probabil aţi greşit numărul vous avez dû vous tromper de numéro

Quelques expressions familières

a da un telefon passer un coup de fil
mi-a mâncat toate unităţile în nici cinci minute! en cinq minutes, ça m'a bouffé toute ma carte !

SANTÉ

Théoriquement, il y a une pharmacie ouverte 24h/24 dans chaque ville ; à défaut, un numéro d'urgence est affiché sur sa vitrine. En cas d'urgence, le mieux est de consulter la presse quotidienne locale à la rubrique **Sănătate** ou de vous rendre à l'hôpital de région (**Spitalul Județean**). Depuis peu, des organismes privés assurent des services prépayés d'assistance médicale.

Pour commencer

alcool à 90°	alcool de nouăzeci de grade *alk**o**l dé noweuz**è**tch dé gr**a**dé*
allergie	alergie *alèrdj**i**yé*
ambulance	ambulanță *amboul**a**ntseu*
aspirine	aspirină *aspir**i**neu*
cassé	rupt *roupt*
comprimé	comprimat *komprim**a**t*
dentiste	dentist *dènt**i**st*
désinfecter	a dezinfecta *a dézinf**è**kta*
fièvre	febră *f**é**breu*
généraliste	medic generalist *m**é**dik djénéral**i**st*
gynécologue	ginecolog *djinékol**o**g*
hôpital	spital *spit**a**l*
intoxication alimentaire	intoxicație alimentară *intoksik**a**tsiyé alimènt**a**reu*
médecin	medic *m**é**dik*, doctor *doktor*
médicament	médicament *médikam**è**nt*
ordonnance	rețetă *réts**é**teu*
pansement	pansament *pansom**è**nt*
pharmacie	farmacie *farmatch**i**yé*
pommade	alifie *alif**i**yé*
radiographie	radiografie *radiyograf**i**yé*
règles	ciclu *tch**i**klou*
sang	sânge *s**ou**ndjé*
vomir	a vomita *a vomit**a***

S'exprimer

est-ce que quelqu'un aurait une aspirine par hasard ?
are cineva din întâmplare o aspirină?
are tchinéva din ountoumplaré o aspirineu?

j'ai besoin d'aller voir un docteur
trebuie să merg la un doctor
trébouyé seu mèrg la oun doktor

où est-ce que je peux trouver un médecin à cette heure ?
unde aş putea să găsesc un doctor la ora asta?
oundé ach poutéa seu gueusèsk oun doktor la ora asta?

je voudrais prendre un rendez-vous pour aujourd'hui
aş vrea să fac o programare pentru astăzi
ach vréa seu fak o programare pèntrou asteuz

le plus tôt possible
cât de repede posibil
kout dé répédé posibil

non, ce n'est pas grave
nu, nu-i grav
nou, nouy grav

pouvez-vous faire venir une ambulance au ...
puteţi vă rog să chemaţi o ambulanţă la ...
poutèts veu rog seu kyémats o amboulantseu la ...

j'ai cassé mes lunettes
mi-am spart ochelarii
myam spart okélariy

Comprendre

urgenţe urgences

nu e nimic liber până joi
il n'y a rien de libre avant jeudi

vineri la două e bine?
vendredi à 14 heures, ça vous convient ?

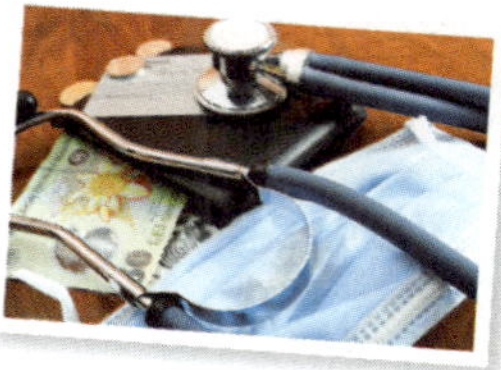

Chez le médecin

S'exprimer

j'ai rendez-vous avec le Docteur ...
am o programare la doctorul ...
*am o program**a**ré la d**o**ktoroul ...*

je ne me sens pas bien
nu mă simt bine
*nou meu simt b**i**né*

je me sens très faible
mă simt slăbit
*meu simt sleub**i**t*

je ne sais pas ce que c'est
nu ştiu ce e
*nou cht**i**you tché yé*

j'ai été piqué(e)/mordu(e) par ...
am fost înțepat/muşcat de ...
*am fost ountsép**a**t/mouchk**a**t dé ...*

j'ai mal
mi-e rău
myè reuw

ça me fait mal
mă doare
*meu dw**a**ré*

j'ai mal à la tête/au cœur/au ventre/au dos/à la gorge
mă doare capul/inima/burta/spatele/gâtul
*meu dw**a**ré k**a**poul/**i**nima/b**ou**rta/sp**a**télé/g**ou**toul*

ça s'est aggravé
s-a agravat
*sa agrav**a**t*

ça fait trois jours
sunt deja trei zile
*sount déj**a** trèy z**i**lé*

ça a commencé la nuit dernière
a început noaptea trecută
*a ountchép**ou**t nw**a**ptéa trék**ou**teu*

c'est la première fois que ça m'arrive
e prima dată când mi se întâmplă aşa ceva
*yé pr**i**ma d**a**teu kound mi se ount**ou**mpleu ach**a** tchév**a***

j'ai de la fièvre
am febră
*am f**é**breu*

ça me démange
mă mănâncă
*meu meun**ou**nkeu*

j'ai de l'asthme
am astm
am astm

je suis cardiaque
sunt cardiac
*sount kardiy**a**k*

je suis sous antibiotiques depuis une semaine et ça ne va pas mieux
iau antibiotice de o săptămână şi tot la fel de rău mă simt
*yaw antibiy**o**titché dé o seupteum**ou**neu chi tot la f**è**l dé reuw meu simt*

je prends la pilule
iau anticoncepţionale
*yaw antikontchèptsyon**a**lé*

j'ai besoin de la pilule du lendemain
am nevoie de pilula de a doua zi
*am név**o**yé dé pil**ou**la dé a d**o**wa zi*

je suis enceinte de trois mois
sunt însărcinată în luna a treia
*sount ounseurtchin**a**teu oun l**o**una a tr**é**ya*

je me suis tordu la cheville
mi-am scrântit glezna
*myam skrount**i**t gl**è**zna*

je suis tombé(e) sur le dos
am căzut pe spate
*am keuz**ou**t pé sp**a**té*

j'ai perdu un plombage
mi-am pierdut o plombă
*my**a**m pyèrd**ou**t o pl**o**mbeu*

c'est grave ?
e grav?
*yé gr**a**v?*

c'est contagieux ?
e molipsitor?
*yé molipsit**o**r?*

comment va-t-il ?
cum merge?
*koum m**è**rdjé?*

combien je vous dois ?
cât vă datorez?
*kout veu dator**è**z?*

est-ce que je peux avoir un reçu pour me faire rembourser ?
puteţi să îmi daţi o chitanţă ca să fiu rambursat(ă)?
*pout**è**ts seu oum dats o kit**a**ntseu ka seu f**i**you ramboursa**t**(eu)?*

SANTÉ

Comprendre

vă rog să luați loc în sala de aşteptare
si vous voulez bien patienter dans la salle d'attente

ce vă supără?
qu'est-ce qui ne va pas ?

vă rog să vă întindeți
allongez-vous, s'il vous plaît

ați fost vaccinat împotriva ...?
êtes-vous vacciné contre ... ?

vă doare când apăs aici?
ça vous fait mal quand j'appuie là ?

respirați adânc
respirez bien fort

sunteți alergic la ...?
êtes-vous allergique à ... ?

sunteți sub un tratament acum?
avez-vous des traitements en cours ?

luați o pilulă dacă aveți dureri
prenez une gélule en cas de douleur

ar trebui să treacă în câteva zile
ça devrait passer en quelques jours

ar trebui să se cicatrizeze repede
ça devrait cicatriser rapidement

va fi nevoie de operație
il va falloir opérer

mai veniți peste o săptămână
revenez me voir dans une semaine

À la pharmacie

S'exprimer

une boîte de pansements, s'il vous plaît
o cutie de pansamente, vă rog
o koutiyé dé pansamènté, veu rog

j'ai attrapé un rhume
am răcit
am reutchit

je suis allergique à l'aspirine
sunt alergic la aspirină
*sount al**è**rdjik la aspir**i**neu*

j'aurais besoin de quelque chose contre la toux
am nevoie de ceva împotriva tusei
*am név**o**yé dé tchév**a** oumpotr**i**veu t**ou**séy*

je voudrais prendre de l'homéopathie
aş vrea să iau ceva homeopatic
*ach vré**a** seu yaw tchév**a** Homé-op**a**tik*

je voudrais une solution de rinçage pour lentilles de contact
aş vrea o soluţie de curăţat lentilele de contact
*ach vré**a** o sol**ou**tsiyé dé koureuts**a**t lent**i**lélé dé kont**a**kt*

Comprendre

alifie	pommade
a aplica	appliquer
a se administra de trei ori pe zi înainte de masă	à prendre trois fois par jour avant les repas
caşetă	cachet
comprimat	comprimé
contraindicaţii	contre-indications
doar cu reţetă	uniquement sur ordonnance
gelulă	gélule
praf	en poudre
supozitoare	suppositoires

Quelques expressions familières

mă simt cam nasol je suis mal fichu
i s-a rupt filmul il est tombé dans les pommes
fluturaş capote

PROBLÈMES, URGENCES

Les agents de la circulation sont reconnaissables à leur uniforme blanc et noir.

Le **112**, numéro d'appel d'urgence du **SNUAU** (**Sistem National Unic pentru Apeluri de Urgenţă**), devrait permettre d'entrer rapidement en relation avec les services de police, les ambulances et les pompiers.

Pour commencer

accident	accident *aktchid**è**nt*
ambulance	ambulanţă *amboul**a**ntseu*
blessé	rănit ***reu**nit*
cassé	rupt *roupt*
incendie	incendiu *intch**è**ndiyou*
malade	bolnav *boln**a**v*
médecin	medic ***mé**dik*, doctor *d**o**ktor*
police	poliţie *pol**i**tsiyè*
pompiers	pompieri *pompiy**è**r*
urgence	urgenţă *ourdj**è**ntseu*

S'exprimer

est-ce que vous pourriez m'aider ?
aţi putea să mă ajutaţi?
*ats pout**éa** seu meu ajout**a**ts?*

au secours !
ajutor!
*ajout**o**r!*

attention !
atenţie!
*at**è**ntsiyé!*

c'est urgent !
e urgent!
*yé ourdj**è**nt!*

est-ce qu'il y a quelqu'un ici qui parle français ?
vorbeşte cineva franceza?
*vorb**é**shtè tchinév**a** frantch**é**za?*

je dois contacter le consulat
trebuie să iau legătura cu consulatul
*tr**é**bouyé seu yaw légu**eu**toura kou konsoul**a**toul*

où est le commissariat le plus proche ?
unde e cea mai apropiată secţie de poliţie?
oundé yé tchéa may apropiyateu sèktsiyé dé politsiyé?

on m'a volé mes papiers
mi s-au furat actele
mi saw fourat aktélé

que dois-je faire ?
ce trebuie să fac?
tché trébouyé seu fak?

j'ai perdu ...
am pierdut ...
am pyèrdout...

j'ai été agressé(e)
am fost agresat(ă)
am fost agrésat(eu)

il y a un homme qui me suit depuis un moment
mă urmăreşte cineva de câteva ore bune
meu ourmeurèchté tchinéva dé koutéva oré bouné

il est là-bas
e acolo
yé akolo

mon enfant a disparu
mi-a dispărut copilul
mya dispeurout kopiloul

on a forcé la porte de ma voiture
mi-a fost forţată portiera
mya fost fortsateu portyèra

y a-t-il un accès pour handicapés ?
este o rampă pentru handicapaţi?
yèsté o rampeu pèntrou Handikapats?

pouvez-vous surveiller mes affaires un instant ?
aţi putea, vă rog, să aveţi grijă de lucrurile mele câteva clipe?
ats poutéa, veu rog, seu avèts grijeu dé loukrourilé mélé koutéva klipé?

Comprendre

câine rău chien méchant
depanare auto service de dépannage
echipa de intervenţie police-secours
ieşire de siguranţă sortie de secours
în pană en panne
obiecte pierdute bureau des objets trouvés
salvamont secours de montagne

Police

S'exprimer

je dois faire une déclaration de vol
trebuie să fac o plângere de furt
*tr**é**bouyé seu fak o pl**ou**ndjéré dé fourt*

j'ai besoin d'un certificat de police pour ma compagnie d'assurance
am nevoie de un document de la poliție pentru compania de asigurări
*am név**o**yé dé oun dokoum**è**nt dé la pol**i**tsiyé p**è**ntrou kompan**i**ya dé asigour**eu**r*

Comprendre

Remplir un formulaire

nume	nom
prenume	prénom
adresă	adresse
cod poştal	code postal
ţară	pays
naţionalitate	nationalité
data naşterii	date de naissance
locul naşterii	lieu de naissance
vârsta	âge
sexul	sexe
durata şederii	durée du séjour
data sosirii / plecării	date d'arrivée/de départ
profesia	profession
număr de paşaport	numéro de passeport

pentru acest articol aveţi de plătit taxe vamale
il y a des droits de douane à payer sur cet article

vă rog să deschideţi poşeta!
ouvrez-moi ce sac, s'il vous plaît !

ce vă lipseşte?
qu'est-ce qu'il vous manque ?

unde locuiţi?
où logez-vous ?

când s-a întâmplat asta?
quand cela s'est-il passé ?

aţi putea să-l descrieţi?
pouvez-vous le décrire ?

vă rog să completaţi acest formular
veuillez remplir ce formulaire, s'il vous plaît

vă rog să semnaţi aici
veuillez signer ici, s'il vous plaît

Quelques expressions familières

poliţai flic
a şparli chourer
m-a luat de fraier il m'a eu
am luat plasă je me suis fait avoir
am luat-o-n freză j'en ai pris plein la gueule

L'expression du temps

Pour commencer

année	an *an*
après	după *d**ou**peu*
avant	înainte *ounay**i**nté*
bientôt	curând *kour**ou**nd*
de ... à ...	de la ... până la ... *dé l**a** ... p**ou**neu la ...*
déjà	deja *déj**a***
depuis	de *dé*
dernier	ultim ***ou**ltim*
de temps en temps	din când în când *din kound oun kound*
en avance	mai devreme *may dévr**é**mé*
en ce moment	în momentul de faţă *oun mom**è**ntoul dé f**a**tseu*
encore	încă ***ou**nkeu*
en retard	în întârziere *oun ountourziy**é**ré*
entre ... et ...	între ... şi ... ***ou**ntré ... chi ...*
jamais	niciodată *nitchyod**a**teu*
jour	zi *zi*
jusqu'à	până la *p**ou**neu la*
longtemps	mult timp *moult t**i**mp*
maintenant	acum *ak**ou**m*
matin	dimineaţă *dimin**éa**tseu*
midi	prânz *prounz*
nuit	noapte *nw**a**pté*
pas encore	nu încă *nou **ou**nkeu*
pendant	în timpul *oun t**i**mpoul*
prochain	următor *ourmeut**o**r*
rarement	rareori *r**a**réor*
récemment	recent *rétch**è**nt*
semaine	săptămână *seupteum**ou**neu*
soir	seară *sé**a**reu*
souvent	adesea *ad**é**séa*
tard	târziu *tourz**i**you*

tôt devreme *dévr**é**mé*
toujours mereu *mér**é**w*
tout de suite imediat *imédiy**a**t*
week-end sfârşit de săptămână *sfourchit dé seupteum**ou**neu*

S'exprimer

à bientôt !
pe curând!
*pé kour**ou**nd!*

à demain !
pe mâine!
*pé m**ou**yné!*

à tout à l'heure !
pe mai târziu!
*pé may tourz**i**you!*

à lundi !
pe luni!
*pé l**ou**n!*

désolé, je suis en retard
îmi pare rău că am întârziat
*oum p**a**ré reuw keu am ountourz**i**yat*

on est arrivés trop tard
am ajuns prea târziu
*am aj**ou**ns pré**a** tourz**i**you*

je n'ai pas encore été là-bas
încă n-am fost acolo
***ou**nkeu nam fost ak**o**lo*

je n'ai pas eu le temps de ...
n-am avut timp să ...
*nam av**ou**t timp seu ...*

j'ai tout mon temps
am tot timpul din lume
*am tot t**i**mpoul din l**o**umé*

je suis pressé
sunt grăbit
*sount greub**i**t*

dépêchez-vous
grăbiţi-vă
*greub**i**tsiveu*

un instant, s'il vous plaît
o clipă, vă rog
*o kl**i**peu, veu r**o**g*

je me suis couché tard
m-am culcat târziu
*mam koulk**a**t tourz**i**you*

on s'est couchés tard
ne-am culcat târziu
*né**a**m koulk**a**t tourz**i**you*

je me suis levé très tôt
m-am trezit foarte devreme
*mam trézi**t** fw**a**rté dévr**é**mé*

on s'est levés très tôt
ne-am trezit foarte devreme
*né**a**m trézi**t** fw**a**rté dévr**é**mé*

j'ai attendu longtemps
(eu) am aşteptat mult
*(yèw) am achtèpt**a**t moult*

on a attendu longtemps
(noi) am aşteptat mult
*(noy) am achtèpt**a**t moult*

je dois me réveiller très tôt demain pour prendre l'avion
trebuie să mă trezesc mâine foarte devreme ca să iau avionul
*tr**é**bouyé seu meu trézè**s**k m**ou**yné fw**a**rté dévr**é**mé ka seu yaw aviy**o**noul*

il ne nous reste plus que quatre jours
nu ne-au mai rămas decât patru zile
*nou né**a**w may reum**a**s dék**ou**t p**a**trou zilé*

La date

Aujourd'hui on est le 1er avril 2006 se dit **azi e întâi aprilie două mii şase** (littéralement "aujourd'hui est premier avril deux mille six").

Nous sommes le 31 décembre se dit **azi suntem în treizeci şi unu decembrie** (littéralement "aujourd'hui sommes dans trente et un décembre")

Au IIIe siècle avant J.-C./avant notre ère se dit **în secolul al treilea înainte de Cristos/înaintea erei noastre** (à l'écrit : **III-lea î.Ch./III-lea î.e.n.**), et après J.-C./après notre ère **după Cristos/era noastră** (à l'écrit **d.Ch./e.n.**).

Au début/au milieu/à la fin du XIXe siècle se dit **la începutul/mijlocul/sfârşitul secolului al nouăsprezecelea**.

à la fin du mois la sfârşitul lunii *la sfourchi**t**oul l**ou**niy*
après-demain poimâine *poym**ou**yné*
au début du mois la începutul lunii *la ountchép**ou**toul l**ou**niy*
aujourd'hui azi *az*
avant-hier alaltăieri *alalteuy**é**r*
dans deux jours în două zile *oun d**o**weu zilé*
demain mâine *m**ou**yné*
demain après-midi mâine după-amiază *m**ou**yné d**ou**peu amiy**a**zeu*
demain matin mâine dimineaţă *m**ou**yné diminé**a**tseu*
demain soir mâine seară *m**ou**yné sé**a**reu*
hier ieri *yér*
hier après-midi ieri după-amiază *yér d**ou**peu amiy**a**zeu*
hier matin ieri dimineaţă *yér diminé**a**tseu*
hier soir ieri seară *yér sé**a**reu*

S'exprimer

je suis né(e)en ...
m-am născut pe ...
*mam neusk**ou**t pé ...*

je suis déjà venu(e) ici il y a plusieurs années
am mai fost aici acum mulți ani
*am may fost a-y**i**tch ak**ou**m moults an*

j'ai passé un mois en Roumanie il y a quelques années
am stat o lună în România acum câțiva ani
*am stat o l**ou**neu oun romouni**y**a ak**ou**m koutsv**a** an*

j'étais venu(e) l'année dernière à la même époque
am mai venit și anul trecut în aceeași perioadă
*am may vén**i**t chi **a**noul trék**ou**t oun atch**é**éach périyw**a**deu*

on est le combien aujourd'hui ?
în ce dată suntem astăzi?
*oun tché d**a**teu sount**è**m **a**steuz?*

on est mardi 1er mai
azi e marți întâi mai
*az yé marts ount**ou**y may*

on est quel jour aujourd'hui ?
ce zi e azi?
*tché zi yé **a**z?*

je reste jusqu'à dimanche
rămân până duminică
*reum**ou**n p**ou**neu doum**i**nikeu*

on s'en va demain
plecăm mâine
*plék**eu**m m**ou**yné*

j'ai déjà quelque chose de prévu mardi
marți sunt deja ocupat
*marts sount déj**à** okoup**a**t*

Comprendre

o dată
une fois

de două ori
deux fois

de trei ori pe zi/oră
trois fois par jour/heure

în fiecare zi/luni
tous les jours/lundis

a fost construit la mijlocul secolului al XIX-lea
ça a été construit au milieu du XIXe siècle

LA DATE, L'HEURE, LE TEMPS

iese o dată la două săptămâni
ça sort une fois toutes les deux semaines

sunt multe festivaluri în timpul verii
il y a beaucoup de festivals pendant l'été

când plecați înapoi?
quand est-ce que vous repartez ?

până când rămâneți?
vous restez jusqu'à quand ?

L'heure

ℹ À la question quelle heure est-il ? **cât e ceasul?** (littéralement "combien est la montre ?"), on peut répondre au choix : **este opt** ou **e opt** (litt. "il est huit"), ou encore **este ora opt** (litt. "il est l'heure huit"). Pour préciser s'il s'agit de huit heures du matin ou du soir, on emploie **opt dimineața** (litt. "huit le matin") ou **opt seara** (litt. "huit le soir"). Comme en français, "il est 8h du soir" peut aussi se dire **este (ora) douăzeci** (litt. "il est (l'heure) vingt"), ou encore **sunt orele douăzeci** (litt. "ils sont les heures 20").

Il est 5 heures du matin se dira **este cinci noaptea/dimineața** (litt. "il est cinq la nuit/le matin"). Il est 5 heures de l'après-midi se dira **este cinci după-amiaza/seara** (litt. "il est 5h l'après-midi/le soir") ou **este ora saptesprezece**, voire – en langage un peu sentencieux – **sunt orele saptesprezece**.

Il est huit heures et quart se dit **e opt și un sfert** (litt. "il est huit et un quart") et il est huit heures moins le quart **e opt fără un sfert** (litt. "il est huit moins un quart"). Il est huit heures et demie se dit **e opt si jumătate**, le plus souvent abrégé en **opt jumate** voire **opt juma'**.

Les horaires se notent avec deux-points entre heures et minutes : 8h15 se note **8:15**.

Pour commencer

à 3h de l'après-midi la trei după-amiaza *la trèy d**ou**peu-amiy**a**za*

à 4h du matin la patru dimineaţa *la p**a**trou diminé**a**tsa*

à midi la prânz *la prounz*

à minuit la miezul nopţii *la mi**é**zoul noptsi**y***

être à l'heure a fi la timp *a fi la timp*

être en avance a ajunge mai devreme *a aj**ou**ndjé may dévr**é**mé*

être en retard a întârzia *o ountourziy**a***

trois quarts d'heure trei sferturi de oră *trèy sf**è**rtour dé **o**reu*

un quart d'heure un sfert de oră *oun sfèrt dé **o**reu*

une demi-heure jumătate de oră *joumeut**a**té dé **o**reu*

vingt minutes douăzeci de minute *doweuz**è**tch dé min**ou**té*

S'exprimer

quelle heure est-il ?
câte ceasul?
*kout yé tché**a**soul?*

excusez-moi, est-ce que vous auriez l'heure, s'il vous plaît ?
scuzaţi-mă, ştiţi cumva cât e ceasul?
*skouz**a**tsimeu, chtits koumv**a** kout yé tché**a**soul?*

il est trois heures pile
e trei fix
yé trèy fiks

il est presque treize heures
e aproape ora unu
*yé aprow**a**pé **o**ra **ou**nou*

il est une heure dix
e unu şi zece
*yé **ou**nou chi z**é**tché*

il est une heure et quart
e unu şi un sfert
*yé **ou**nou chi oun sfèrt*

il est une heure moins le quart
e unu fără un sfert
*yé **ou**nou **feu**reu oun sfèrt*

il est midi vingt
e douăsprezece/douăşpe şi douăzeci
*yé d**o**weusprézé**é**tché/d**o**weuchp**é** chi doweuz**é**tch*

il est midi moins vingt
e douăsprezece/douăşpe fără douăzeci
*yé d**o**weusprézé**é**tché/d**o**weuchp**é** **feu**reu doweuz**é**tch*

il est une heure et demie
e unu şi jumătate
*yé **ou**nou chi joumeut**a**té*

je suis arrivé(e) vers deux heures
am ajuns pe la două
*am aj**o**uns pé la d**o**weu*

j'ai mis le réveil à neuf heures
am pus ceasul la ora nouă
*am pous tché**a**soul la **o**ra n**o**weu*

j'ai attendu vingt minutes
am aşteptat douăzeci de minute
*am achtèpt**a**t doweuz**è**tch dé min**ou**té*

le train a eu quinze minutes de retard
trenul a avut o întârziere de cincisprezece/cinşpe minute
*tr**é**noul a av**ou**t o ountourziy**é**ré dé tch**i**nsprézé**é**tché/tch**i**nchpé min**ou**té*

je suis rentré(e) il y a une heure
m-am întors acum o oră
*mam ount**o**rs ak**o**um o **o**reu*

on se retrouve dans une demi-heure ?
ne vedem peste o jumătate de oră?
*né véd**è**m p**è**sté o joumeut**a**té dé **o**reu?*

je serai de retour d'ici un quart d'heure
mă întorc peste un sfert de oră
*meu ount**o**rk p**è**sté oun sfèrt de **o**reu*

Comprendre

plecări din oră în oră départ toutes les heures

ghişeu deschis non-stop între 10 şi 16 guichet ouvert de 10h à 16h sans interruption

se joacă în fiecare zi la şapte seara
ça joue tous les jours à 19 heures

durează cam o oră şi jumătate
ça dure environ une heure et demie

se deschide la zece **se deschide din nou la ora două**
ça ouvre à partir de dix heures ça rouvre à deux heures

Quelques expressions familières

pe la opt şi ceva vers 8 heures et des poussières
cât ai zice peşte en deux temps trois mouvements
am aşteptat de mi s-au lungit urechile j'ai attendu des plombes

LES NOMBRES

Avant l'entrée attendue dans la Communauté européenne, la monnaie roumaine reste encore le **Leu** (pluriel **Lei**). Mais l'inflation a obligé à créer en 2005 les "Lei nouveaux" **Lei noi** (**LN**). Pour dix mille Lei anciens (**Lei vechi**), notés **10.000 L** (L seul), on a **1 LN**. De la sorte, 125.000 L se notent **12,5 LN** (dans ce cas, on emploie la virgule). La plus petite unité, le **ban** (pluriel **bani**), qui est le "centime de leu", vaut désormais mille Lei anciens.

À l'oral, un montant de **10,50 LN** se dira **zece virgulă cinci lei noi**, ou **zece lei cinzeci**, ou encore **zece lei şi cinzeci de bani**.

Il existe deux formes pour les nombres de 11 à 19, une forme longue et une forme réduite.

0	zéro *zéro*
1	unu *ounou*
2	doi *doy*
3	trei *trèy*
4	patru *patrou*
5	cinci *tchinch*
6	şase *chasé*
7	şapte *chapté*
8	opt *opt*
9	nouă *noweu*
10	zece *zétché*
11	unsprezece *ounsprézétché*, **(forme réduite)** unşpe *ounchpé*
12	**m** doisprezece *doysprézétché*, **f** douăsprezece *doweusprézétché*, **(forme réduite) m** doişpe *doychpé*, **f** douăşpe *doweuchpé*
13	treisprezece *trèysprézétché*, **(forme réduite)** treişpe *trèychpé*
14	paisprezece *paysprézétché*, **(forme réduite)** paişpe *paychpé*
15	cincisprezece *tchinsprézétché*, **(forme réduite)** cinşpe *tchinchpé*
16	şaisprezece *chaysprézétché*, **(forme réduite)** şaişpe *chaychpé*

17	şaptesprezece *ch**a**ptésprézétché*, **(forme réduite)** şapteşpe *ch**a**ptéchpé*
18	optsprezece ***o**bsprézétché*, **(forme réduite)** optşpe ***o**bchpé* ou ***o**ptéchpé*
19	nouăsprezece *n**o**weusprézétché*, **(forme réduite)** nouăşpe *n**o**weuchpé*
20	douăzeci *d**o**weuz**è**tch*
21	douăzeci şi unu/una *d**o**weuz**è**tch chi **ou**nou/**ou**na*
22	douăzeci şi doi/două *d**o**weuz**è**tch chi doy/d**o**weu*
30	treizeci *trèyz**é**tch*
35	treizeci şi cinci *trèyz**é**tch chi tchintch*
40	patruzeci *patrouz**è**tch*
50	cincizeci *tchinz**è**tch*
60	şaizeci *chaiz**è**tch*
70	şaptezeci *chaptéz**è**tch*
80	optzeci *obz**è**tch*
90	nouăzeci *noweuz**è**tch*
100	o sută *o s**ou**teu*
101	o sută unu *o s**ou**teu **ou**nou*
200	două sute *d**o**weu s**ou**té*
500	cinci sute *tchin(tch) s**ou**té*
1000	o mie *o m**i**yé*
2000	două mii *d**o**weu m**i**y*
10000	zece mii *zétché m**i**y*
100000	o sută de mii *o s**ou**teu dé m**i**y*

premier	primul *pr**i**moul*, ou întâiul *ount**ou**youl*
deuxième	**m** al doilea *al d**o**yléa*, **f** a doua *a d**o**wa*
troisième	**m** al treilea *al tr**è**yléa*, **f** a treia *a tr**é**ya*
quatrième	**m** al patrulea *al p**a**trouléa*, **f** a patra *a p**a**tra*
cinquième	**m** al cincilea *al tch**i**ntchile**a***, **f** a cincea *a tch**i**ntché**a***
sixième	**m** al şaselea *al ch**a**sél**é**a*, **f** a şasea *a ch**a**sé**a***
septième	**m** al şaptelea *al ch**a**ptél**é**a*, **f** a şaptea a *ch**a**pté**a***
huitième	**m** al optulea *al **o**ptoulé**a***, **f** a opta *a **o**pta*
neuvième	**m** al nouălea *al n**o**weulé**a***, **f** a noua *a n**o**wa*
dixième	**m** al zecelea *al **z**étchélé**a***, **f** a zecea *a **z**étché**a***
vingtième	**m** al douăzecelea *al doweuz**é**tchélé**a***, **f** a douăzecea *a doweuz**é**tché**a***
vingt et unième	**m** al douăzeci şi unulea *al doweuz**é**t(chi) chi **ou**noulé**a***, **f** a douăzeci şi una *a doweuz**é**t(chi) chi **ou**na*

Dictionnaire français-roumain

Pour tous les substantifs roumains, le genre est précisé : *m* pour masculin, *f* pour féminin, *n* pour neutre. Si le radical change en passant du singulier au pluriel ou du masculin au féminin, le mot est donné intégralement. Si le radical reste identique, seule la désinence est précisée, précédée d'un trait d'union (par ex. **-i**).

Les adjectifs sont donnés aux quatre formes, dans l'ordre masculin singulier, féminin singulier, masculin pluriel, féminin pluriel.

L'infinitif des verbes à infixe est suivi, entre parenthèses, de la forme à la 1re personne du singulier de l'indicatif présent, comme par exemple **vouloir** dori (doresc).

A

à la
abbaye mănăstire *f (pl -i)*
abeille albină *f (pl -e)*
abîmé stricat, stricată, stricați, stricate
abord : d'abord mai întâi
abordable abordabil, abordabilă, abordabili, abordabile
accélérateur accelerator *n*
accent accent *n (pl -e)*
accepter a accepta **96**
accès accès *n (pl -uri)* **125**
accident accident *n (pl -e)* **46**
accompagner a însoți ; *(en voiture)* a duce cu mașina
accord : d'accord bine ; **je suis d'accord** sunt de acord **35**
accueillant primitor, primitoare, primitori, primitoare
acheter a cumpăra **39, 95, 97**
addition notă *f (pl -e)* de plată **63**
adolescent adolescent *m (pl adolescenți)*, adolescentă *f (pl -e)*
adorer a-i plăcea mult
adresse adresă *f (pl -e)* ; **adresse e-mail** adresă de e-mail **34, 111**
adulte adult *m (pl adulți)*, adultă *f (pl -e)*
aéroport aéroport *n (pl -uri)*
affaires *(commerce)* firmă *f (pl -e)* ; *(personnelles)* treabă *f (pl treburi)*
affiche afiș *n (pl -e)*
affreux înspăimântător, înspăimântătoare, înspăimântători, înspăimântătoare
âge vârstă *f* ; **quel âge as-tu ?** câți ani ai? **31**
agence de voyages agenție *f (pl -i)* de voiaj
aggraver (s') a se agrava *(agravez)* **120**
agneau miel *m (pl miei)*
agréable plăcut, plăcută, plăcuți, plăcute
agresser a agresa **125**
aide ajutor *n*
aider a ajuta **111, 124**
ailleurs în altă parte ; **d'ailleurs** *(au fait)* de fapt
aimer *(apprécier)* a-i plăcea **34** ; *(d'amour)* a iubi (iubesc) ; **j'aimerais ...** mi-ar plăcea ... **23**
air aer *n* ; **en plein air** în aer liber ; **avoir l'air** a părea
alcool alcool *n* ; **alcool à 90°** alcool de 90 de grade
algues alge *fpl*
aller *(nom)* dus *n*
aller *(v)* a merge ; **s'en aller** a pleca ; **comment allez-vous ?** ce mai faceți? ; **je vais bien** bine ; **ça va** bine ; **ça vous va ?** vă convine? ; **ça vous va bien** vă stă bine
allergique alergic, alergică, alergici, alergice **123**
aller-retour dus-întors
allô alo
allumer a aprinde
allumette chibrit *n (pl -uri)*
alors atunci
ambassade ambasadă *f (pl -e)*
ambiance atmosferă *f*
ambulance ambulanță *f (pl -e)* **119**
amende amendă *f (pl amenzi)*
amener a conduce
amer amar, amară, amari, amare

Dictionnaire FR-ROU

ami prieten *m (pl -i)*, prietenă *f (pl -e)* ; **petit ami** prieten *m*, prietenă *f*
ampoule *(électrique)* bec *n (pl -uri)*; *(sur la peau)* umflătură *f(pl -i)*
amusant distractiv, distractivă, distractivi, distractive
amuser (s') a se distra *(*distrez*)*
an an *m (pl -i)* ; **j'ai 22 ans** am douăzeci şi doi de ani
ancien fost, fostă, foşti, foste
anesthésie anestezie *f (pl -i)*
angine angină *f*
animal animal *n (pl -e)*
animé : c'est très animé e plin de lume
année an *m (pl -i)* ; **bonne année !** an nou reficit
anniversaire aniversare *f (pl* aniversări*)* ; **bon anniversaire !** la mulţi ani!
anniversaire de mariage aniversarea căsătoriei
annuaire carte *f (pl* cărţi*)* de telefoane
annuler a anula *(*anulez*)*
antibiotique antibiotic *n (pl -e)* 121
antique antic, antică, antici, antice
Antiquité Antichitate *f*
août august *m inv*
apéritif aperitiv *n (pl -e)* ; **prendre l'apéritif** a lua un aperitiv
appareil ; qui est à l'appareil ? cine-i la telefon?
appareil photo aparat *n (pl -e)* de fotografiat 103
appartement apartament *n (pl -e)*
appel *(téléphonique)* apel telefonic
appeler a chema *(au téléphone)* a suna ; **s'appeler** a se chema 30 a se numi *(*numesc*)*
appendicite apendicită *f*
appétit : bon appétit ! poftă bună!
apporter a aduce 59, 61
apprendre *(étudier)* a învăţa ; *(être informé)* a afla
après după
après-demain poimâine
après-midi după-amiază *f (pl -e)*
appuyer a apăsa ; **appuyer sur** a apăsa pe
araignée păianjen *m (pl -i)*
arbre copac *m (pl -i)*
architecture arhitectură *f*
argent *(métal)* argint *n*; *(monnaie)* bani *mpl* 95
arnaque jefuială *f*
arrêt oprire *f (pl -i)* ; **arrêt de bus** staţie *f (pl -i)* de autobuz 43 ; **sans arrêt** fără oprire
arrêter a opri *(*opresc*)* ; **s'arrêter - a)** a se opri **- b)** *(train, bus)* a opri
arrivée sosire *f (pl -i)*
arriver *(quelque part)* a ajunge 108 ; *(se passer)* a se întâmpla ; **arriver à - a)** *(réussir à)* a reuşi *(*reuşesc*)* să
art artă *f (pl -e)*
article *(achat)* articol *n (pl -e)*
artisanal artizanal, artizanală, artizanali, artizanale
artiste artist *m (pl* artişti*)*, artistă *f (pl -e)*
ascenseur lift *n (pl -uri)*
aspirine aspirină *f (pl -e)*
asseoir (s') a se aşeza
assez *(suffisamment)* destul ; *(plutôt)* mai degrabă ; **assez de** destul
assiette farfurie *f (pl -i)*
assurance asigurare *f (pl* asigurări*)* ; **assurance tous risques** asigurare integrală 46
asthme astm *n* 120
attendre a aştepta ; **attendre quelqu'un/quelque chose** a aştepta pe cineva/ceva
attention ; faire attention a fi atent ; **attention !** atenţie! ; **à l'attention de ...** în atenţia ...
auberge de jeunesse hostal *n (pl -uri)*
aucun nici un *m*, nici o *f* ; **aucune idée** habar n-am
aujourd'hui azi astözi
aussi de asemenea ; **moi aussi** şi eu ; **aussi bien que** la fel de bine ca
auteur autor *m (pl -i)*, autoare *f (pl -e)*
authentique autentic, autentică, autentici, autentice
autobus autobuz *n (pl -e)*
automne toamnă *f*
autoroute autostradă *f (pl* autostrăzi*)*
autre alt, altă, alţi, alte ; **un(e) autre** altcineva 63 ; **d'autres** alţi *mpl*, alte *fpl* ; **autre chose** altceva
avance ; à l'avance de dinainte ; **en avance** mai devreme 79
avant înainte ; **avant de** înainte de
avant-hier alaltăieri
avec *(choses)* cu ; *(personnes)* împreună cu
avenue bulevard *n (pl -e)*

aveugle orb *m (pl -i)*, oarbă *f (pl -e)*
avion avion *n (pl* avioane*)* ; **par avion** par avion
avis părere *f (pl -i)* ; **changer d'avis** a se răzgândi (răzgândesc)
avoir a avea
avril aprilie *m inv*

B

baby-sitter baby-sitter *(mf)*
bagage à main bagaj de mână 40
bagages bagaje *(npl)* 40
bagarre încăierare *f (pl -i)*
bague inel *f (pl -e)*
baigner (se) a face baie
bain baie *f (pl* băi*)* ; **prendre un bain** a face baie
balader (se) a se plimba
balcon balcon *n (pl -e)*
balle minge *f (pl -i)*
ballon minge *f (pl -i)*
ban *(centime de leu)* ban *m (pl* bani*)*
bandage bandaj *n (pl -e)*
banlieue periferie *f (pl -i)*
banque bancă *f (pl -i)* 50, 105
bar bar *n (pl -uri)*
barbe barbă *f (pl* bărbi*)*
barbecue grătar *n (pl -e)*
bas *(partie du bas)* partea *f* de jos; **en bas** jos
bas *(adj)* josnic, josnică, josnici, josnice
basilique catedrală *f (pl -e)*
basket *(sport)* baschet *n*
baskets *(chaussures)* bascheți *mpl*
bateau vapor *n (pl* vapoare*)*
bâtiment clădire *f (pl -i)*
bâton de ski băț *n (pl* bețe*)* de schi
batterie baterie *f (pl -i)* 45
bavarder a conversa (conversez)
beau frumos, frumoasă, frumoși, frumoase; **il fait beau** e frumos
beaucoup (de) mult, multă, mulți, multe; **beaucoup plus** mult mai mult
bébé bebeluș *m (pl -i)*
Belge belgian *m (pl* belgieni*)*, belgiancă *f (pl* belgience*)*
belge belgian, belgiană, belgieni, belgiane
Belgique Belgia *f*
besoin : avoir besoin de *(+ nom)* a avea nevoie de *(+ verbe)* ; a trebui
biberon biberon *n (pl* biberoane*)*
bibliothèque bibliotecă *f (pl -i)*
bicyclette bicicletă *f (pl -e)*
bien bine; **bien sûr** bineînțeles
bientôt curând; **à bientôt !** pe curând!
bienvenu binevenit, binevenită, bineveniți, binevenite; **bienvenu !** bine ați venit!
bière bere *f (pl -i)*
bijouterie bijuterie *f (pl -i)*
bijoux bijuterii *fpl*
billet *(de transport)* bilet *n (pl -e)* 39; *(de banque)* bancnotă *f (pl -e)*
billetterie casă *f (pl e)* de bilete
bise : faire la bise à quelqu'un a săruta pe obraji
blague glumă *f (pl e)*
blanc alb, albă, albi, albe
blessé rănit, rănită, răniți, rănite
bleu *(nom) (sur la peau)* vânătaie *f (pl* vânătăi*)*
bleu *(adj)* albastru, albastră, albaștri, albastre
blond blond, blondă, blonzi, blonde
bloqué blocat, blocată, blocați, blocate
blouson geacă *f (pl* geci*)*
bœuf *(animal)* bou *m (pl -i)* ; *(viande)* vită *f*
boire a bea 58
bois *(forêt)* pădure *f (pl -i)* ; *(matière)* lemn *n*
boisson băutură *f (pl -i)*
boîte *(caisse)* cutie *f (pl -i)*
boîte aux lettres *(publique)* cutie poștală 107; *(privée)* cutie de scrisori
boîte de vitesses cutie *f* de viteze 46
bol bol *n (pl -uri)*
bon bun, bună, buni, bune; **bon marché** ieftin, ieftină, ieftini, ieftine
bondé aglomerat, aglomerată, aglomerați, aglomerate
bonjour *(le matin)* bună dimineața; *(l'après-midi)* bună ziua
bonnet căciulă *f (pl -i)*
bonsoir bună seara
bord : au bord de la mer la marginea mării
bosse cucui *n (pl -e)*
bottes cizme *fpl*
bouche gură *f (pl -i)*
boucherie măcelărie *f (pl -i)*
bouchon dop *n (pl -uri)*
boucles d'oreilles cercei *mpl*
boue noroi *n*
bouée colac *m (pl -i)*
bougie lumânare *f (pl* lumânări*)*

boulangerie brutărie *f (pl -i)*
boule *(de glace)* cupă *f (pl -e)*
boules Quiès® tampoane *npl* de urechi
boulot servici *n (pl -uri)*
bout : un bout de un pic de ; **au bout de deux heures** după două ore ; **au bout de la rue** la capătul străzii
bouteille sticlă *f (pl -e)* 61
bouteille de gaz butelie *f* de gaz
boutique magazin *n (pl e)*
bouton *(sur la peau)* coş *n (pl -uri)* ; *(de vêtement)* nasture *n (pl -uri)* ; *(d'un appareil)* buton *n (pl* butoane
bracelet brăţară *f (pl* brăţări*)*
branché *(à la mode)* la modă
brancher a pune în priză
bras braţ *n (pl -e)*
briquet brichetă *f (pl -e)*
brochure broşură *f (pl -i)*
bronchite bronşită *f*
bronzé bronzat, bronzată, bronzaţi, bronzate
bronzer *(brunir)* a bronza (bronzez) ; *(s'exposer)* a face plajă
brosse *(à cheveux)* perie *f (pl -i)*
brosse à dents perie de dinţi
brouillard ceaţă *f*
bruit zgomot *n (pl -e)* ; **faire du bruit** a face zgomot
brûler a arde ; **se brûler** a se arde
brûlure arsură *f (pl -i)*
bruyant zgomotos, zgomotoasă, zgomotoşi, zgomotoase
Bulgarie Bulgaria *f*
bureau de poste poştă *f (pl -e)* 107
bureau de tabac tutungerie *f (pl -i)*
bus autobuz *n (pl -e)*
byzantin bizantin, bizantină, bizantini, bizantine

C

ça asta
cabine d'essayage cabină *f (pl -e)* de probă 99
cabine téléphonique cabină telefonică 56, 113
Caddie® cărucior *n (pl* cărucioare*)*
cadeau cadou *n (pl -uri)*
cafard *(insecte)* gândac *m (pl -i)*
café *(boisson)* cafea *f (pl* cafele*)* ; *(lieu)* cafenea *f (pl* cafenele*)*
café Internet Internet café (*f inv*) 110
cahier caiet *n (pl -e)*
caisse *(boîte)* ladă *f (pl* lăzi*)* ; *(où payer)* casă *f (pl -e)*
caleçon *(sous-vêtement)* chilot *m (pl* chiloţi*)* ; *(de bain)* slip *n (pl -uri)*
calme liniştit, liniştită, liniştiţi, liniştite
cambriolage furt *n (pl -uri)*
caméra cameră *f (pl -e)* de luat vederi
camion camion *n (pl -e)*
campagne ţară *f*
camping camping *n (pl -uri)* 55 ; **faire du camping** a merge cu cortul
camping-car rulotă *f (pl -e)*
camping-gaz® butelie *f (pl -i)* de gaz
canard raţă *f (pl -e)*
car *(autocar)* autocar *n (pl -e)*
caravane rulotă *f (pl -e)*
cardiaque cardiac, cardiacă, cardiaci, cardiace 120
carie : avoir une carie a avea o carie
carte *(menu)* meniu *n (pl -uri)* ; *(géographique)* hartă *f (pl* hărţi*)* ; *(bancaire)* card *n (pl -uri)* ; *(à jouer)* carte *f (pl* cărţi*)* ; *(document officiel)* act *n (pl -e)*
carte de crédit carte *f (pl* cărţi*)* de crédit 96
carte de téléphone cartelă *f (pl -e)* telefonică 113
carte de visite carte de vizită
carte d'identité carte de identitate
carte postale vedere *f (pl -i)*
cas ; au cas où în cazul în care ; **en cas de …** în caz de …
casque cască *f (pl* căşti*)*
casquette şapcă *f (pl* şepci*)*
cassé rupt, ruptă, rupţi, rupte
casse-croûte gustare *f (pl* gustări*)*
casser a sparge 55, 119 ; **se casser la jambe** a-şi rupe piciorul
casserole oală *f (pl -e)*
cassette vidéo casetă video
catastrophe catastrofă *f (pl -e)*
cathédrale catedrală *f (pl -e)*
cause ; à cause de din cauza
caution cauţiune *f (pl -i)*
CD CD *n (pl -uri)*
ce acest, această, aceşti, aceste
ceinture centură *f (pl -i)* ;
ceinture de sécurité centură de siguranţă
cela aceasta
célibataire necăsătorit, necăsătorită, necăsătoriţi, necăsătorite

celui-ci acesta *m (pl* aceştia*)*, aceasta *f (pl* acestea*)*
celui-là acela *m (pl* aceia*)*, aceea *f (pl* acelea*)*
cendrier scrumieră *f (pl* -e*)*
centime cent *m (pl* cenţi*)*
centimètre centrimetru *m (pl* -i*)*
centre centru *n (pl* -e*)* 52
centre commercial centru comercial
centre-ville centru *n (pl* -e*)*
certain *(adj indéfini)* anumit, anumită, anumiţi, anumite
certains *(pronom indéfini)* unii *mpl*, unele *fpl*
c'est este
chacun fiecare
chaîne *(de télévision)* canal *n (pl* -e*)*; *(hi-fi)* combină *f (pl* -e*)*; *(de vélo)* lanţ *n (pl* -uri*)*
chaise scaun *n (pl* -e*)*
chaleur căldură *f*
chaleureux călduros, călduroasă, călduroşi, călduroase
chambre cameră *f (pl* -e*)* 51, 52
chambre d'hôtes cameră de oaspeţi
chance noroc ; **bonne chance !** noroc!
changement schimbare *f (pl* schimbări*)*
changer a schimba 106 ; **se changer** a se schimba
chapeau pălărie *f (pl* -i*)* ; ; **chapeau de soleil** pălărie de soare
chapelle capelă *f (pl* -e*)*
chaque fiecare *(inv)* ;
chaque fois de fiecare dată
chaque jour în fiecare zi
charcuterie *(magasin)* măcelărie *f (pl* -i*)*; *(produits)* mezeluri *npl*
chasse d'eau apa *f* la WC
chat pisică *f (pl* -i*)*
château castel *n (pl* -e*)*
chaud cald, caldă, calzi, calde ; **il fait chaud** e cald ; **boissons chaudes** băuturi *fpl* calde
chauffage încălzire *f*
chauffe-eau fierbător *f (pl* fierbătoare*)*
chauffeur de taxi taximetrist *m*
chaussettes şosete *fpl*
chaussures încălţăminte *(fsg)*
chaussures de marche încălţăminte *(fsg)* de mers; *(étanches)* bocanci *mpl*
chaussures de ski clăpari *mpl*
chef *(dirigeant)* şef *m (pl* -i*)*
chemin drum *n (pl* -uri*)*; *(sentier)* cărare 90
cheminée şemineu *n (pl* -uri*)*
chemise cămaşă *f (pl* cămăşi*)*
chemise de nuit cămaşă de noapte
chèque cec *n (pl* -uri*)*
chèque de voyage Cec *n* Travellers
cher *(coûteux)* scump, scumpă, scumpi, scumpe
chercher a căuta 28
cheval cal *m (pl* cai*)*
cheveux păr *(msg)*
cheville gleznă *f (pl* -e*)*
chèvre capră *f (pl* -e*)*
chez la ; **chez moi** la mine ; **chez soi** acasă
chien câine *m (pl* -i*)*
choc şoc *n (pl* -uri*)*
choisir a alege 60
choix alegere *f (pl* -i*)*
chose lucru *n (pl* -uri*)*
ciel cer *n (pl* -uri*)*
cigare trabuc *n (pl* -uri*)*
cigarette ţigară *f (pl* ţigări*)*
cimetière cimitir *n (pl* -e*)*
cinéma *(lieu)* cinematograf *n (pl* -e*)*; *(genre)* cinéma *n*
cintre umeraş *n (pl* -e*)*
circulation circulaţie *f*
cirque circ *n (pl* -uri*)*
ciseaux foarfece *(nsg)*
clair *(lumineux)* luminos, luminoasă, luminoşi, luminoase; *(net)* clar, clară, clari, clare ; **bleu clair** albastru deschis
classe : première classe clasa *f* întâi ; **deuxième classe** clasa a doua
classe affaires clasa VIP
classe économique clasa economică
classique clasic, clasică, clasici, clasice
clé cheie *f (pl* chei*)* 46, 52, 54
clignotant semnalizator *n (pl* semnalizatoare*)*
climat climă *f (pl* -e*)*
climatisation aer *n* condiţionat
club club *n (pl* -uri*)*
code confidentiel cod *n (pl* -uri*)*
code postal cod poştal
cœur inimă *f (pl* -i*)*
coffre *(de voiture)* portbagaj *n*
coiffeur frizer *m (pl* -i*)*
coin *(angle)* colţ *n (pl* -uri*)*; *(endroit)* zonă *f (pl* -e*)*
coincé blocat, blocată, blocaţi, blocate

colère : être en colère a fi nervos, nervoasă, nervoşi, nervoase
colis pachet *n (pl -e)* 108
collant ciorapi *npl*
colle lipici *n*
collier colier *n (pl -e)*
colline deal *n (pl -uri)*
colonie de vacances tabără *f (pl* tabere*)*
combien *(+ nom m)* cât *(pl* câţi*)*; *(+ nom f)* câtă *(pl -e)*; **combien ça coûte ?** cât costă?; **combien de temps... ?** cât timp...; **depuis combien de temps... ?** de cât timp...; **on est le combien ?** în ce dată suntem astăzi?
combinaison de plongée costum *n (pl -e)* de scafandru
commander *(nourriture)* a comanda 61
comme ca
commencer a începe
comment cum
commerce magazin *n (pl -e)*
commissariat secţie *f (pl -i)* de poliţie 125
commission *(de change)* comision *n* 106
compagnie aérienne companie *f (pl -i)* aeriană
compartiment compartiment *n (pl -e)*
complet *(plein)* nu mai sunt locuri
complètement complet
compliment compliment *n (pl -e)*
comprendre a înţelege 25
comprimé comprimat *n (pl -e)*
compris *(service, assurance)* inclus, inclusă, incluşi, incluse 64 ; **tout compris** totul inclus
compte bancaire cont *n* bancar
compter a număra ; **compter sur** a conta (contez) pe
compteur électrique contor *n* electric
concert concert *n (pl -e)* 79
conduire a conduce
conférence conferinţă *f (pl -e)*
confiance încredere ; **avoir confiance (en)** a avea încredere (în)
confirmer *(vol)* a confirma 41
confortable comod, comodă, comozi, comode
congélateur congelator *n*
connaissance *(personne)* cunoştinţă *f (pl -e)*
connaître a cunoaşte, a şti
connu cunoscut, cunoscută, cunoscuţi, cunoscute
conseil sfat *n (pl -uri)* ; **demander conseil (à)** a cere sfatul
conseiller a sfătui
consigne *(pour bagages)* bagaje *npl* de mână
consommation *(boisson)* consumaţie *f (pl -i)*
consommer a consuma
constipé constipat
construire ; construit en ... construit în ...
consulat consulat *n (pl -e)* 125
contact contact *n (pl -e)* ; ; **rester en contact** a rămâne în contact 33
contacter a lua legătura 125
contagieux molipsitor, molipsitoare, molipsitori, molipsitoare
contemporain contemporan, contemporană, contemporani, contemporane
content bucuros, bucuroasă, bucuroşi, bucuroase
continuer a continua
continuation ; bonne continuation ! numai bine!
contraceptif anticonceptional
contraire contrar ; **au contraire** împotriva
contrat contract *n (pl -e)*
contre împotriva
coordonnées adresa şi numărul de telefon 34
copain prieten *m (pl -i)*, prietenă *f (pl -e)* ; **petit copain** iubit *m (pl -i)*, iubita *f (pl -e)*
corps corp *n (pl -uri)*
correct corect, corectă, corecţi, corecte
côté latură *f (pl -i)* ; **à côté de** lângă
côte coastă *f (pl -e)*
côtelette cotlet *n (pl -e)*
coton *(hydrophyle)* vată *f*; *(textile)* bumbac *m*
coton-tige® beţişor *n* igienic *(pl* beţişoare igienice*)* din bumbac
cou gât *n (pl -uri)*
couche scutec *n (pl -e)*
coucher : se coucher - a) a se culca ; **coucher avec** a se culca cu
couchette cuşetă *f (pl e)*
couleur culoare *f (pl* culori*)*
coup : ça vaut le coup merită ; **aller boire un coup** a merge la băut
coup de soleil ; prendre un coup de soleil a face insolatie

coupe-ongles unghieră *f*
couper a tăia ; **se couper** a se tăia ; **coupé en tranches** a tăia în felii
courage curaj *n* ; **bon courage !** curaj!
courant : être au courant (de) a fi la curent(cu)
courrier corespondenţă *f* 108
cours *(leçon)* curs *n (pl -uri)* 89
courses cumpărături *fpl* ; **faire les courses** a face cumpărături 50
court scurt, scurtă, scurţi, scurte
couteau cuţit *n (pl -e)*
coûter a costa ; **combien ça coûte ?** cât costă?
couvert *(de table)* tacâm *n (pl -uri)*
couvert *(adj)* acoperit, acoperită, acoperiţi, acoperite
couverture pătură *f (pl -i)*
crabe crab *m (pl -i)*
cravate cravată *f (pl -e)*
crayon creion *n (pl creioane)*
crème cremă *f (pl -e)*
crème à raser cremă de ras
crème hydratante cremă hidratantă
crème solaire cremă de soare
crevé *(pneu)* spart, spartă, sparţi, sparte
crever *(pneu)* a pocni (pocnesc) 46
crevette crevete *m (pl creveţi)*
crise criză *f (pl -e)*
crise cardiaque criză de inimă
crise d'appendicite criză de apendicită
croire a crede ; **je crois que …** cred că ...
croisière croazieră *f (pl -e)*
croix cruce *f (pl -i)*
cru crud, crudă, cruzi, crude
cuillère lingură *f (pl -i)* ; **cuillère à café** linguriţă *f (pl -e)* ; **cuillère à soupe** lingură
cuir piele *f*
cuire a găti (gătesc)
cuisine *(pièce)* bucătărie *f (pl -i)* ; **faire la cuisine** a face de mâncare
cuisse pulpă *f (pl -e)*
cuit fript, friptă, fripţi, fripte ; **bien/trop cuit** bine/prea fript
cuivre aramă *f*
culotte şort *n (pl -uri)*
curé preot *m (pl preoţi)*
cybercafé cybercafé *(f inv)*

D

dangereux periculos, periculoasă, periculoşi, periculoase
dans în ; **dans une heure** într-o oră ; **dans la soirée** seara
date dată *f (pl -e)*
date de naissance data naşterii
date d'expiration data expirării
date limite data-limită
dater (de) a data (datez) (din)
de de ; **le vélo de David** bicicleta lui David ; **de … à …** de la. până la.
débrouiller (se) a se descurca
début început *m* ; **au début** la început ; **en début de ...** la începutul ...
débutant începător *m (pl -i)*, începătoare *f (pl începătoare)*
déca cafea *f* decafeinată *(pl* cafele decafeinate*)*
décalage horaire decalaj *n* orar
décapsuleur deschizător *n (pl* deschizătoare*)*
décembre decembrie *m inv*
décevant dezamăgitor, dezamăgitoare, dezamăgitori, dezamăgitoare
décider a decide
déclaration *(de perte, vol)* declaraţie *f (pl -i)* 41, 126
déclarer *(à la douane)* a declara
décoller *(avion)* a decola (decolez)
découvrir a descoperi
déçu dezamăgit, dezamăgită, dezamăgiţi, dezamăgite
dedans înăuntru
défaut defect *n (pl -e)*
dégonflé dezumflat, dezumflată, dezumflaţi, dezumflate
degré *(température)* grad *n (pl -e)*
dehors afară
déjà deja
déjeuner *(nom)* prânz *n (pl -uri)*
déjeuner *(v)* a lua prânzul
délicieux delicios
demain mâine ; **à demain !** pe mâine! ; **demain soir** mâine seară
demander a cere; *(interroger)* a întreba
démanger a mânca 120
demi : un demi-litre/-kilo o jumătate de litru/kilogram ; **une demi-heure** o jumătate de oră ; **une heure et demie** o oră şi jumătate
demi *(nom) (bière)* halbă *f (pl -e)*

demi-pension semipensiune *f*
demi-tour ; faire demi-tour a se întoarce
dent dinte *m (pl* dinți*)*
dentifrice pastă *f (pl -e)* de dinți
dentiste dentist *m (pl* dentiști*)*
déodorant deodorant *n (pl -e)*
dépannage ; service de dépannage depanare *f*
départ plecare *f (pl* plecări*)*
dépêcher (se) a se grăbi (grăbesc*)*
dépendre : ça dépend (de) depinde (de*)*
dépenser a cheltui (cheltuiesc*)*
dépliant *(prospectus)* pliant *n (pl -e)* 39
déposer *(quelqu'un)* a lăsa
depuis de ; **depuis que** de când ; **depuis quand ?** de când?
déranger a deranja (deranjez*)*
dernier ultim, ultimă, ultimi, ultime ; **au dernier moment** în ultimul moment ; **l'année dernière** anul trecut
derrière în spatele
des niște *(voir grammaire)*
dès din ; **dès que ...** din momentul în care ...
désagréable dezagreabil, dezagreabilă, dezagreabili, dezagreabile
descendre *(transports)* a coborî 43
désinfecter a dezinfecta (dezinfectez*)*
désolé ; je suis désolé(e) îmi pare rău
dessert desert *n (pl -uri)* 61
dessin desen *n (pl -e)*
dessous dedesubt ; **en dessous (de)** dedesubtul
dessus deasupra ; **au-dessus (de)** deasupra
destinataire destinatar *m*
détendre (se) a se destinde
détester a nu-i plăcea
devant în fața
développer ; faire développer *(pellicule)* a developa (developez*)* 103
devenir a deveni
devise valută *f (pl -e)*
devoir *(être obligé de)* a trebui ; **vous devriez ...** ar trebui ... ; **je vous dois combien ?** cât am de plătit? 64, 95
diabète diabet *n*
diapositive dialect *n (pl -e)*
diapositive diapozitiv *n (pl -e)*
diarrhée ; avoir la diarrhée a avea diaree
dictionnaire dictionar *n (pl -e)*
diesel diesel
différent diferit, diferită, diferiți, diferite ; **différent de** diferit de
difficile greu, grea, grei, grele
dimanche duminică *f*
diminuer a scădea
dinde curcă *f (pl -i)*
dîner *(nom)* cină *f (pl -e)*
dîner *(v)* a lua cina
dire a spune ; **comment ça se dit ?** cum se spune asta? ; **ça te dit de ... ?** ți-ar plăcea să...
direct direct, directă, direcți, directe
directement direct
direction direcție *f (pl -i)* ; **en direction de** în direcția
direction assistée direcție asistată
discothèque discotecă *f (pl -i)*
disparaître a dispărea 125
disputer (se) a se certa
disque disc *n (pl -uri)*
disque dur disc dur
disquette dischetă *f (pl -e)*
distributeur (automatique de billets) bancomat *n (pl -e)* 106
divorcé divorțat, divorțată, divorțați, divorțate
docteur doctor *m (pl -i)*, medic *m (pl -i)* 119, 120
document act *n (pl -e)*
doigt deget *n (pl -e)*
dommage : c'est dommage păcat
donc deci
donner a da
dormir a dormi ; **dormir à la belle étoile** a dormi sub cerul liber
dos spate *(n inv)*
douane vamă *f (pl* vămi*)*
doublé *(film)* dublat, dublată, dublați, dublate
doucement încet
douche duș *n (pl uri)* ; **prendre une douche** a face duș
drap cearșaf *n (pl -uri)*
drapeau steag *n (pl -uri)*
drogue drog *n (pl -uri)*
droit *(nom)* drept *n (pl -uri)* ; **avoir le droit de ...** a avea dreptul să ...
droit *(adj)* drept, dreaptă, drepți, drepte
droit *(adv)* ; **tout droit** tot înainte
droite dreapta *f* ; **à droite (de)** la dreapta
du *(voir grammaire)*
dur *(solide)* tare, tare, tari, tari ; *(difficile)* greu, grea, grei, grele

durée durată *f*
durer a dura (durez)
DVD DVD *n (pl -uri)*

E

eau apă *f (pl -e)* 61
échanger a schimba
écharde spin *m (pl -i)*
écharpe scarf
écharpe eşarfă *f (pl -e)*
échecs şah *(nsg)*
école şcoală *f (pl şcoli)*
écouter a asculta
écrire a scrie 26, 50
égal : ça m'est égal mi-e indiferent
église biserică *f (pl -i)*
électrique electric, electrică, electrici, electrice
elle ea
elles ele
e-mail e-mail *n (pl -uri)*
embarquement îmbarcare *f*
embarquer a îmbarca 41
embouteillage ambuteiaj *n (pl -e)* 45
embrasser a îmbrăţişa (îmbrăţişez)
embrayage ambreiaj *n*
émission emisiune *f (pl -i)*
emmener *(en voiture)* a duce
emplacement *(de camping)* loc *n (pl -uri)* 56
emporter a lua
emprunter a împrumuta
en în
enceinte însărcinată, însărcinate 121
enchanté ! încântat!, încântată!
encore încă **; pas encore** nu încă **; encore plus** şi mai mult
endormir (s') a adormi
énervant enervant, enervantă, enervanţi, enervante
énerver a enerva (enervez)
enfant copil *m (pl copii)*
enfin în sfârşit
enflé umflat, umflată, umflaţi, umflate
enlever a scoate
ennuyer (s') a se plictisi (plictisesc)
enregistrement *(des bagages)* înregistrare *f* 40
enregistrer *(bagages)* a înregistra (înregistrez)
enrhumé răcit, răcită, răciţi, răcite
ensemble împreună
ensuite după aceea
entendre a auzi
entier întreg, întreagă, întregi, întrege **; en entier** în întregime
entracte pauză *f (pl -e)*
entre : entre ... et ... între ... şi ...
entrée *(lieu)* intrare *f (pl intrări)* 85 ; *(hors-d'œuvre)* gustare *f (pl gustări)*, antreu *n (pl -uri)* ; *(billet)* bilet *n (pl -e)*
entrer a intra
enveloppe plic *n (pl -uri)*
envie : avoir envie de a avea chef de
environ cam **; dans les environs** în împrejurimi
envoi trimitere *f (pl -i)*
envoyer a trimite 108
épaule umăr *m (pl umeri)*
épeler a spune pe litere
épileptique epileptic, epileptică, epileptici, epilectice
éponge burete *m (pl bureţi)*
épouse soţie *f (pl -i)*
épuisé frânt, frântă, frânţi, frânte
équipe echipă *f (pl -e)*
erreur greşeală *f (pl greşeli)*
escalade escaladare *f*
escalier scară *f (pl scări)*
espérer a spera **; j'espère que ...** sper că ...
essayer a încerca ; *(vêtement)* a proba 99 **; essayer de faire quelque chose** a încerca să se facă ceva
essence benzină *f*
est : à l'est (de) la est (de)
estomac stomac *n*
et şi
étage etaj *n (pl e)*
état stare *f (pl stări)*
été vară *f*
éteindre *(cigarette)* a stinge ; *(appareil)* a închide
étonner a uimi (uimesc)
étranger *(nom)* străin *m (pl -i)*, străină *f (pl -e)* **; à l'étranger** în străinătate
étranger *(adj)* străin, străină, străini, străine
être a fi **; je suis français** sunt francez **; je suis né à Paris** m-am născut la Paris
études studii *mpl* **; faire des études de** a fi student la
étudiant student *m (pl studenţi)*, studentă *f (pl -e)* 39
euro euro *m inv*

eurochèque cec *n (pl* -uri*)* Euro
Europe Europa *f*
européen european, europeană, europeni, europene
eux (*voir grammaire*)
évanouir (s') a leşina
évident evident, evidentă, evidenţi, evidente
excédent *(de bagages)* exces *n*
excellent excellent, excelentă, excelenţi, excelente
excursion excursie *f (pl* -i*)*
excuse scuză *f (pl* -e*)*
excuser (s') a-şi cere scuze ; **excusez-moi** scuzaţi-mă
exemple exemplu *n (pl* -e*)* ; **par exemple** de exemplu
expéditeur expeditor *m (pl* -i*)*
expliquer a explica
exposition expoziţie *f (pl* -i*)*
exprès *(adv)* intenţionat
expression expresie *f (pl* -i*)*
expresso expresso (*n inv*)
exprimer (s') a se exprima

F

face : en face (de) în faţa
fâché supărat, supărată, supăraţi, supărate
facile uşor, uşoară, uşori, uşoare
façon fel *n (pl* uri*)* ; **de toute façon** oricum
facteur poştaş *m (pl* -i*)*
facture factură *f (pl* -i*)*
faible slab, slabă, slabi, slabe ; *(personne)* slăbit, slăbită, slăbiţi, slăbite
faim : avoir faim a-i fi foame **58**
faire a face ; **ça fait deux ans que...** sunt doi ani de când... ; **ça ne fait rien** nu-i nimic
fait *(nom)* fapt *n (pl* -e*)* ; **en fait** de fapt ; **au fait, ...** apropo, ...
fait : fait main fabricat manual
falaise faleză *f (pl* -e*)*
falloir a trebui ; **il faut que...** trebuie să...
famille familie *f (pl* -i*)*
fast-food fast-food *n (pl* -uri*)*
fatigué obosit, obosită, obosiţi, obosite
faute greşeală *f (pl* greşeli*)* ; **c'est de ma faute** e din vina mea
fauteuil roulant scaun *n (pl* -e*)* cu rotile
faux fals, falsă, falşi, false
fax fax *n (pl* -uri*)*
félicitations ! felicitări!
femme *(personne de sexe féminin)* femeie *f (pl* femei*)* ; *(épouse)* soţie *f (pl* -i*)*
fenêtre fereastră **(*f*)** *(pl* ferestre*)*
fer à repasser fier *n* de călcat
férié : jour férié zi *f* liberă *(pl* zile libere*)*
ferme *(nom)* gospodărie *f (pl* -i*)*
fermé închis, închisă, închişi, închise
fermer a închide
fermeture închidere *f*
fermeture Éclair® fermoar *n*
ferry bac *n (pl* -uri*)*
fesses fese *fpl*
festival festival *n (pl* -uri*)*
fête sărbătoare *f (pl* sărbători*)* ; **faire la fête** a face chef
fête foraine bâlci *n* (pl -uri*)*
fête nationale sărbătoarea natională
feu foc *n (pl* -uri*)* ; **tu as du feu ?** ai un foc?
feu rouge semafor *n (pl* semafoare*)* pe roşu
feuille *(de plante)* frunză *f (pl* -e*)* ; *(de papier)* foaie *f (pl* foi*)*
feu d'artifice foc *n (pl* -uri*)* de artificii
février februarie *m inv*
fiancé logodnic *m (pl* -i*)*, logodnică *f (pl* -e*)*
fier mândru, mândră, mândri, mândre
fièvre febră *f* ; **avoir de la fièvre** a avea febră **120**
fille *(jeune femme)* fată *f (pl* fete*)* ; *(de ses parents)* fiică *f (pl* -e*)*
film film *n (pl* -e*)*
fils fiu *m (pl* -i*)*
fin *(nom)* sfârşit *n* ; **à la fin de** la sfârşitul
finalement în sfârşit
finir a sfârşi
flash blitz *n*
flèche săgeată *f (pl* săgeţi*)*
fleur floare *f (pl* flori*)*
fleuve fluviu *n (pl* -i*)*
flou neclar, neclară, neclari, neclare
foie ficat *m*
foire târg *n (pl* -uri*)*
fois : une fois o dată ; **deux/trois fois** de două/trei ori ; **plusieurs fois** de mai multe ori
folklorique folcloric, folclorică, folclorici, folclorice
foncé închis, închisă, închişi, închise
fond fund *n* ; **au fond de** în fundul

football fotbal *n*
forêt pădure *f (pl -i)*
forfait *(de transports, ski)* tarif *n (pl -e)* 91
forme formă *f (pl -e)* ; **en (pleine) forme** în (plină) formă
formidable formidabil, formidabilă, formidabili, formidabile
formulaire formular *n (pl -e)*
fort puternic, puternică, puternici, puternice
foulard fular *n (pl -e)*
fouler ; **se fouler la cheville** a-şi scrânti (scrântesc) glezna
four cuptor *n (pl* cuptoare*)*
fourchette furculiţă *f (pl -e)*
fourmi furnică *f (pl -i)*
fourrière depozit *n (pl -e)*
fracture fractura *f (pl -i)*
fragile fragil, fragilă, fragili, fragile
frais *(aliment)* proaspăt, proaspătă, proaspeţi, proaspete ; *(boisson)* răcoritor, răcoritoare, răcoritori, răcoritoare ; **il fait frais** e răcoare
Français francez *m (pl -i)*, franţuzoaică *f (pl -e)*
français *(langue)* franceză *f* ; *(adj)* francez, franceză, francezi, franceze
France Franţa *f*
frein frână *f (pl -e)*
frein à main frână de mână
freiner a frâna (frânez)
frère frate *m (pl* fraţi*)*
frigidaire® frigider *n (pl -e)*
frit prăjit, prăjită, prăjiţi, prăjite
froid rece, rece, reci, reci ; **il fait froid** e frig ; **avoir froid** a-i fi frig ; **prendre froid** a răci
front frunte *f*
frontière graniţă *f (pl -e)*
fuite *(d'eau)* scurgere *f (pl -i)*
fumer a fuma (fumez)
fumeur fumător *m (pl -i)*, fumătoare *f (pl* fumătoare*)* ; **fumeurs/non-fumeurs** *(espace)* fumători/nefumători
fusible siguranţă *f (pl -e)*

G

gâcher a strica
gagner a câştiga
galerie galerie *f (pl -i)*
gant mănuşă *f (pl -i)*
gant de toilette mănuşă de baie
garage *(pour garer)* garaj *n (pl -e)* ; *(pour réparer)* service *(n inv)* 45
garantie garanţie *f (pl -i)*
garçon *(enfant)* băiat *m (pl* băieţi*)* ; *(serveur)* chelner *m (pl -i)*
garder a păstra
gardien paznic *m (pl -i)*
gare gară *f (pl* gări*)*
gare routière autogară *f*
garer (se) a parca (parchez)
gauche stânga ; **à gauche (de)** la stânga
gaz gaz *n (pl -e)*
gaze *(bandage)* pansament *n (pl -e)*
gel ger *n (pl -uri)*
gel douche gel de duş
gêner a deranja (deranjez)
généraliste *(médecin)* medic *m* generalist *(pl* medici generalişti*)*
genou genunchi *m (pl* genunchi*)*
genre ; **quel genre de... ?** ce fel de...
gens oameni *mpl*
gentil amabil, amabilă, amabili, amabile
glace *(eau gelée)* gheaţă *f (pl* gheţuri*)* ; *(à manger)* îngheţată *f (pl -e)* ; *(miroir)* oglindă *f (pl* oglinzi*)*
glaçon cub *n (pl -uri)* de gheaţă
golf golf *n*
gorge gât *n (pl -uri)*
gothique gotic, gotică, gotici, gotice
gourde ploscă *f (pl* ploşti*)*
goût gust *n (pl -uri)*
goûter *(nom)* gustare *f (pl* gustări*)*
goûter *(v)* a gusta
gouttes *(pour les oreilles, les yeux)* picături *fpl*
grâce à datorită
grammes grame *npl*
grand mare, mare, mari, mari ; *(haut)* înalt, înaltă, înalţi, înalte
gras *(adj)* gras, grasă, graşi, grase
gratuit gratuit, gratuită, gratuiţi, gratuite 84
grave grav, gravă, gravi, grave
grillé la grătar
grippe gripă *f*
grippe intestinale gripă intestinală
gris gri *(inv)*
gros gros, groasă, groşi, groase
groupe grup *n (pl -uri)*
guêpe viespe *f (pl -i)*
guérir a se vindeca
guerre război *n (pl* războaie*)*

gueule de bois mahmureală *f*
guide *(livre)* ghid *n (pl -uri) ; (personne)* ghid *m (pl* ghizi*)*
guide des spectacles ghid *n* al spectacolelor 78
guitare chitară *f (pl -e)*
gynécologue ginecolog *m (pl -i)*

H

habiller (s') a se îmbrăca
habiter a locui (locuiesc)
habitude obicei *n (pl* uri*)* ; **d'habitude** de obicei ; **avoir l'habitude (de)** a avea obiceiul (să)
hanche şold *n (pl -uri)*
handicapé *(adj)* handicapat, handicapată, handicapaţi, handicapate 125
hasard : par hasard din întâmplare ; **au hasard** la întâmplare
haschich haşiş *n*
haut *(partie du haut)* partea *f* de sus ; **en haut** sus
haut *(adj)* înalt, înaltă, înalţi, înalte
héberger a găzdui (găzduiesc)
hémorroïdes hemoroizi *mpl*
herbe iarbă *f (pl* ierburi*)*
hésiter a ezita
heure oră *f (pl e)* 132 ; **quelle heure est-il ?** cât e ceasul? ; **à quelle heure... ?** la ce oră... ; **à 5 heures** la ora cinci ; **à l'heure** la timp ; **à tout à l'heure** pe mai târziu
heureusement din fericire
heureux fericit, fericită, fericiţi, fericite
hier ieri ; **hier soir** ieri seară
hiver iarnă *f*
homéopathie homeopatie *f*
homme *(humain)* om *m (pl* oameni*) ; (personne de sexe masculin)* bărbat *m (pl* bărbaţi*)*
homosexuel homosexual *m (pl -i)*
Hongrie Ungaria *f*
hôpital spital *n (pl -e)*
horaires orar *n (pl e)* 39
horrible oribil, oribilă, oribili, oribile
hors service defect
hôtel hôtel *m (pl -uri)*
huile ulei *n*
humide umed, umedă, umezi, umede
humour umor *n*
hypertension hipertensiune *f*
hypotension hipotensiune *f*

I

ici aici ; **d'ici un quart d'heure** într-un sfert de oră
idée idée *f (pl -i)*
il el ; **il y a...** *(+ sg)* există, este *(+ pl)* ; există, sunt ; **il y a deux ans** acum doi ani
île insulă *f (pl -e)*
ils ei
immeuble clădire *f (pl -i)*
imperméable *(nom)* impermeabil *n (pl -e)*
important important, importantă, important, importante
importer ; n'importe quoi orice ; **n'importe qui** oricine
impossible imposibil, imposibilă, imposibili, imposibile
impression ; avoir l'impression de... a avea impresia că...
impressionnant impresionant, impresionantă, impresionanţi, impresionante
imprimer a imprima
incendie incendiu *n (pl -i)*
indicatif *(téléphonique)* prefix *n (pl -e)* 115
infection infecţie *f*
infirmier asistent *m* medical *(pl* asistenţi medicali*)*, asistentă *f* medicală *(pl* asistente medicale*)*
informations informaţii *fpl* 84
initiales initiale *fpl*
inoubliable de neuitat
inquiéter (s') a se nelinişti (nelinişteso)
inscrire (s') a se înscrie
insecte insectă *f (pl -e)*
insecticide insecticid *n*
insolation insolaţie *f*
insomnie insomnie *f (pl -i)*
instant : un instant, s'il vous plaît o clipă, vă rog *(au téléphone)* imediat
instrument *(de musique)* instrument *n (pl -e)*
intention ; avoir l'intention de... a avea de gând să...
interdit interzis, interzisă, interzişi, interzise
intéressant interesant, interesantă, interesanţi, interesante

intérieur : à l'intérieur înăuntru
Internet Internet *n*
intoxication alimentaire intoxicație *f* alimentară
invité *(nom)* oaspete *m (pl* oaspeți*)*, oaspete *f (pl* oaspeți*)*
inviter a invita

J

jamais niciodată
jambe picior *n (pl* -e*)*
jambon șuncă *f*
janvier ianuarie *m inv*
jardin grădină *f (pl* -i*)*
jaune galben, galbenă, galbeni, galbene
je eu
jean blugi *mpl*
jetable de unică folosință
jeter a arunca
jeu joc *n (pl* -uri*)*
jeu vidéo joc *n* video
jeudi joi *f*
jeune *(nom)* tânăr *m (pl* tineri*)*, tânără *f (pl* tinere*)*;
jeune *(adj)* tânăr, tânără, tineri, tinere
joli drăguț, drăguță, drăguți, drăguțe
jouer *(à un jeu)* a juca ; *(d'un instrument)* a cânta la
jouet jucărie *f (pl* -i*)*
jour zi *f (pl* zile*)*
journal ziar *n (pl* -e*)*
journée zi *f (pl* zile*)*
juillet iulie *m inv*
juin iunie *m inv*
jumeaux *(nom)* gemeni *mpl*, gemene *fpl*
jumelles *(pour voir)* binoclu *(nsg)*
jupe fustă *f (pl* -e*)*
jus suc n *(pl* -uri*)*
jus de fruit suc de fructe
jusqu'à până la
juste *(équitable)* drept, dreaptă, drepți, drepte ; **tout juste** exact ; **juste avant** exact înainte ; **juste un peu** numai puțin

K

kayak caiac *n*
kilomètre kilometru *m (pl* -i*)*
kiosque à journaux chioșc *n (pl* -uri*)* de ziare
kleenex® șervețel *n (pl* -e*)*
K-way® geacă *f (pl* geci*)* de ploaie

L

la *(article)* *(voir grammaire)* ; *(pronom)* o
là acolo
là-bas acolo
lac lac *n (pl* -uri*)*
lacet șnur *n (pl* -uri*)*
là-haut sus
laine lână *f*
laisser a lăsa
lait lapte *n*
lait après-soleil lapte de corp pentru plajă
lait hydratant lapte hidratant
lame de rasoir lamă *f* de ras
lampe lampă *f (pl* lămpi*)*
lampe de poche lanternă *f (pl* -e*)*
langue limbă *f (pl* -i*)*
lapin iepure *m (pl* -i*)*
large larg, largă, largi, large
lavabo chiuvetă *f (pl* -e*)*
lave-vaisselle mașină *f* de spălat vasele
laver to wash ; **se laver** a se spăla
laverie spălătorie *f (pl* -i*)*
le *(article)* *(voir grammaire)* ; *(pronom)* îl
léger ușor, ușoară, ușori, ușoare
lentement încet
lentilles *(de contact)* lentile *fpl* de contact
les *(article)* *(voir grammaire)* ; *(pronom)* îi/le
lessive détergent *n* ; **faire la lessive** a spăla rufe
lettre *(de l'alphabet)* literă *f (pl* -e*)* ; *(courrier)* scrisoare *f (pl* scrisori*)*
leu *(monnaie roumaine)* leu *m (pl* lei*)*
leur *(adj possessif)* lor ; **le/la leur** al/a lor ; **les leurs** ai/ale lor *(voir grammaire)*
leur *(pronom)* le *(voir grammaire)*
leurs lor *(voir grammaire)*
lever (se) a se trezi (trezesc)
levée *(postale)* ridicare *f* a corespondenței
lèvre buză *f (pl* -e*)*
librairie librărie *f (pl* -i*)*
libre liber, liberă, liberi, libere
lieu loc *n (pl* -uri*)* ; **au lieu de** în loc de
ligne de bus/métro linie *f* de autobuz/ metrou
linge sale rufe *fpl* murdare
liquide vaisselle détergent *n* de vase
lire a citi (citesc)
lit pat *n (pl* -uri*)*

litre litru *m (pl -i)*
livre carte *f (pl cărți)*
location *(de maison)* închiriere *f*; *(de voiture)* rent a car
logement cazare *f*
loin departe; **loin de** departe de
longtemps mult timp
louer a închiria (închiriez) **46, 89, 92**
lourd greu, grea, grei, grele
loyer chirie *f*
lui *(COI)* îi *(voir grammaire)*
lumière lumină *f*
lundi luni *f*
lune lună *f*
lune de miel lună *f* de miere
lunettes ochelari *mpl*
lunettes de soleil ochelari de soare

M

ma mea *(voir grammaire)*
machine à laver maşină *f* de spălat
Madame doamna *f*
Mademoiselle domnişoara *f*
magasin magazin *n (pl e)*
magazine revistă *f (pl -e)*
magnifique superb, superbă, superbi, superbe
mai mai *m inv*
maigre slab, slabă, slabi, slabe
maillot de bain costum *n (pl -e)* de baie
main mână *f (pl mâini)*
maintenant acum
mairie primărie *f (pl -i)*
mais dar
maison casă *f (pl case)*; **à la maison** acasă
mal *(nom)*; **avoir mal** a-i fi rău; **avoir mal au cœur/à la tête/à la gorge/au ventre** a-l durea inima/capul/gâtul/burta **120**; **avoir le mal de mer** a avea rău de mare; **avoir du mal à...** a-i fi greu să...
mal *(adj)* rău, rea, răi, rele; **c'est pas mal** nu-i rău
mal *(adv)* rău; **pas mal de** mulţi *mpl*, multe *fpl*
malade *(adj)* bolnav, bolnavă, bolnavi, bolnave
maladie boală *f (pl boli)*
malentendu neînţelegere *f*
malheureusement din păcate
manche mânecă *f (pl -i)*
mandat international mandat *n* internaţional
manger a mânca **58**
manière mod; **de toute manière** în orice caz
manquer a lipsi (lipsesc)
manteau palton *n (pl paltoane)*
marchand vânzător *m (pl -i)*, vânzătoare *f (pl vânzătoare)*
marchand de journaux vânzător de ziare
marchandise marfă *f (pl -uri)*
marche *(d'escalier)* treaptă *f (pl trepte)*; *(à pied)* mers *n*; **marche avant** înaintare *f*; **marche arrière** marşarier *n*
marché piaţă *f (pl pieţe)* **97**
marcher a merge **111**
mardi marţi *f*
mari soţ *m (pl -i)*
mariage căsătorie *f (pl -i)*
marié căsătorit, căsătorită, căsătoriţi, căsătorite
marre; **en avoir marre (de)** a se sătura (de)
marron *(adj)* maro, maro, maro, maro
mars martie *m inv*
match meci *n (pl -uri)*
matelas saltea *f (pl saltele)*
matériel material *n*
matin dimineaţa *f*
mauvais rău, rea, răi, rele; **il fait mauvais** e urât
maximum maxim, maximă, maximi, maxime
me *(COD)* mă; *(COI)* îmi *(voir grammaire)*
mec tip *m (pl -i)*
méchant rău, rea, răi, rele
médecin medic *m (pl -i)*, doctor *m (pl -i)* **119**
médicament medicament *n (pl -e)*
médiéval medieval, medievală, medievali, médievale
meilleur mai bun, bună, buni, bune; **le meilleur** cel mai bun; **meilleur que...** mai bun decât...
mélanger a amesteca
même chiar; **même eux** chiar ei; **même si** chiar dacă; **moi-même** eu însumi *m*, eu însămi *f*; **lui-même/elle-même** el însuşi/ea însăşi
ménage; **faire le ménage** a face curăţenie
mentir a minţi
menton bărbie *f (pl -i)*

Dictionnaire FR-ROU

menu meniu *n (pl -uri)*
mer mare *f (pl mări)* ; **la mer Noire** Marea Neagră
merci mulţumesc ; **merci beaucoup** mulţumesc frumos ; **non merci** nu, mulţumesc
mercredi miercuri *f*
mère mamă *f (pl -e)*
mes mei/mele (*voir grammaire*)
message mesaj *n (pl -e)* 113
messe slujbă *f (pl -e)*
métier meserie *f (pl -i)*
mètre metru *m (pl -i)*
métro metrou *n*
mettre a pune
micro-ondes cuptor *n* cu micro-unde
midi prânz *n*
mien : le mien/la mienne al meu/a mea ; **les miens/miennes** ai mei/ale mele
mieux mai bine ; **mieux que...** mai bine decât...
milieu mijloc *n* ; **au milieu (de)...** în mijlocul...
minimum minim, minimă, minimi, minime
minuit miezul *n* nopţii
minute minut *n (pl -e)*
mobylette® motoretă *f (pl -e)*
moche urât, urâtă, urâţi, urâte
moderne modern, moderne, moderni, moderne
moi (*voir grammaire*)
moins mai puţin ; **au moins** cel puţin ; **moins que** mai puţin decât ; **moins le quart** fără un sfert
mois lună *f (pl -i)*
moitié jumătate *f*
Moldavie Moldova *f*
moment moment *n (pl -e)*, clipă *f (pl -e)* ; **un moment** un moment, o clipă ; **en ce moment** în momentul de faţă ; **pour le moment** deocamdată ; **à ce moment-là** la vremea aceea
mon meu (*voir grammaire*)
monastère mănăstire *f (pl -i)*
monde lume *f* ; **tout le monde** toată lumea ; **du monde** lume
monnaie mărunt *n* ; **faire de la monnaie** a da mărunt 97 ; **rendre la monnaie** a da restul, 96
monoski monoschi *n*
Monsieur domnul *m*
montagne munte *m (pl munţi)*
montre ceas *n (pl -uri)*
montrer a arăta
monument monument *n (pl -e)*
morceau ; **un morceau de** o bucată de
morsure muşcătură *f*
mort *(nom)* mort *m (pl morţi)*, moartă *f (pl -e)*
mort *(adj)* mort, moartă, morţi, moarte
mosquée moschee *f (pl -i)*
mot cuvânt *m (pl cuvinte)*; *(note écrite)* bilet *n (pl -e)*
moteur motor *n (pl motoare)*
moto motocicletă *f (pl -e)*
mouche muscă *f (pl muşte)*
mouchoir batistă *f (pl -e)*
mouillé ud, udă, uzi, ude
mourir a muri
mousse à raser spumă *f* de ras
moustache mustaţă *f*
moustique ţânţar *m (pl -i)*
mouton oaie *f (pl oi)*
moyen *(nom)* mijloc *n (pl mijloace)*
moyen *(adj)* mediu, medie, medii, medii
Moyen Âge Evul *n* Mediu
muet *(nom)* mut *m (pl muţi)*, mută *f (pl -e)*
mur zid *n (pl -uri)*
muscle muşchi *m (pl muşchi)*
musée muzeu *n (pl -e)*
musique muzică *f*

N

nager a înota ; **savoir nager** a şti să înoţi
naître a se naşte ; **je suis né le.../en...** m-am născut pe.../în...
natation înot *n*
nationalité naţionalitate *f*
nature natură *f*
nausée ; **avoir la nausée** a-i fi greaţă
navette cursă *f (pl -e)*
nécessaire necesar, necesară, necesari, necesare
neige zăpadă *f*
neiger a ninge
nettoyer a curăţa
neuf nou, nouă, noi, noi
nez nas *n*
ni... ni... nici... nici...
Noël Crăciun *m* ; **joyeux Noël !** Crăciun fericit!

noir negru, neagră, negri, negre ; **noir et blanc** alb și negru
nom nume *n (pl* nume*)* 50, 60
nombre număr *n (pl -e)*
nom de famille nume de familie
nom de jeune fille numele anterior căsătoriei
non nu ; **moi non plus** nici eu
nord : au nord (de) la nord (de)
normal normal, normală, normali, normale
nos noștri/noastre (*voir grammaire)*
noter *(écrire)* a nota (notez)
notre nostru/nostră ((*voir grammaire)*
nôtre : le/la nôtre al nostru/a noastră ; **les nôtres** ai noștri/ale noastre
nourriture mâncare *f*
nous *(sujet)* noi ; *(COD, COI)* ne (*voir grammaire)*
nouveau nou, nouă, noi, noi ; **à nouveau** din nou
nouvel an anul nou
nouvelle veste *f (pl* vești*)* ; **bonne/ mauvaise nouvelle** veste bună/ proastă
novembre noiembrie *m inv*
noyer (se) a se îneca
nu gol, goală, goi, goale
nuage nor *m (pl -i)*
nuit noapte *f (pl* nopți*)* ; **bonne nuit** noapte bună
nul foarte prost, proastă, proști, proaste ; **nulle part** nicăieri
numéro număr *n (pl* numere*)*
numéro de téléphone număr de telefon
numéro d'immatriculation număr de înmatriculare

O

objectif obiectiv *n*
occasion ocazie *f (pl -i)* ; **d'occasion** de ocazie
occupé ocupat, ocupată, ocupați, ocupate
occuper a ocupa ; **s'occuper de** a se ocupa de
océan océan *n (pl -e)*
octobre octombrie *m inv*
odeur miros *n (pl -uri)*
œil ochi *m (pl* ochi*)*
œuvre d'art operă *f* de artă
office de tourisme oficiu *n* de turism
offrir a oferi
oiseau pasăre *f (pl* păsări*)*
ok OK
ombre umbră *f (pl -e)* ; **à l'ombre** la umbră
on : on dit que... se zice că...
ongle unghie *f (pl -i)*
opéra operă *f (pl -e)*
opérer : se faire opérer a se opera
opticien optometrist *m (pl* optometriști*)*
or *(nom)* aur *n* ; **en or** de aur
orage furtună *f (pl -i)*
orange *(adj) (couleur)* portocaliu, portocalie, portocalii, portocalii
orchestre orchestră *f (pl -e)*
ordinateur calculator *n (pl* calculatoare*)*
ordinateur portable lep-top *n (pl* lep-topuri*)*
ordures gunoaie *npl*
oreille ureche *f (pl -i)*
oreiller pernă *f (pl -e)*
organiser a organiza (organizez)
original *(adj)* original, originală, originali, originale
origine origine *f (pl -i)* ; **être d'origine...** a fi de origine...
orthodoxe *(adj)* ortodox, ortodoxă, ortodocși, ortodoxe
os os *n (pl* oase*)*
ou sau
où unde ; **où est/sont... ?** unde este/sunt... ; **où vas-tu ?** unde mergi? ; **d'où viens-tu ?** de unde vii?
oublier a uita 41
ouest : à l'ouest (de) la vest (de)
oui da
ouvert deschis, deschisă, deschiși, deschise
ouvre-boîtes deschizător *n* de conserve
ouvre-bouteilles deschizător *n* de sticle
ouvrir a deschide

P

page pagină *f (pl -i)*
pain pâine *f*
palais palat *n (pl -e)*
pâle palid, palidă, palizi, palide
panne pană *f* ; **tomber en panne** a rămâne în pană 45 ; **être en panne d'essence** a rămâne în pană de benzină 46

panneau *(de signalisation)* panou *n* *(pl* -uri*)*
pansement pansament *n (pl* -e*)*
pantalon pantalon *m (pl* -i*)*
papeterie papetărie *f (pl* -i*)*
papier hârtie *f (pl* -i*)* ; **papiers (d'identité)** acte *npl* (de identitate*)*
papier à cigarette foiță *f* de țigară
papier alu folie *f* de aluminiu
papier cadeau hârtie *f* de cadouri
papier toilette hârtie *f* igienică
Pâques Paște *m* ; **joyeuses Pâques !** Paște fericit!
paquet pachet *n (pl* -e*)*
paraître : il paraît que... se pare că...
par prin ; **par jour/heure** pe zi/oră
parapluie umbrelă *f (pl* -e*)*
parasol umbrelă de soare
parc parc *n (pl* -uri*)*
parc d'attractions parc de distracție
parce que pentru că
pardon *(pour s'excuser)* pardon ; *(pour attirer l'attention)* scuzați-mă
pare-brise parbriz *n*
pare-chocs antișoc *n*
pareil asemenea, asemenea, asemenea, asemenea
parents părinți *mpl*
parfum parfum *n (pl* -uri*)*
parking parcare *f (pl* parcări*)*
parler a vorbi (vorbesc*)* 25, 113, 124
parmi printre
partager a împărți
partie parte *f (pl* parți*)* ; **faire partie de** a face parte din
partir a pleca ; **à partir de** începând din
partout peste tot
pas : ne... pas nu ; **pas du tout** deloc
passage ; **être de passage** a fi în trecere 32
passager *(nom)* călător *m (pl* -i*)*, călătoare *f (pl* călătoare*)*
passé *(nom)* trecut *n*
passeport pașaport *n (pl* pașapoarte*)*
passer *(du temps)* a trece ; **je suis passé vers 6 heures** am trecut pe la șase ; **passer prendre quelqu'un** a trece să iei pe cineva ; **passer un coup de téléphone** a da un telefon
patient *(nom)* pacient *m (pl* pacienți*)*, pacientă *f (pl* paciente*)*
pâtisserie *(gâteau)* pmăjitură *f (pl* -e*)*; *(magasin)* patiserie *f (pl* -i*)*
patron patron *m (pl* -i*)*
pauvre sărac, săracă, săraci, sărace
payant cu plată
payer a plăti (plătesc*)* 64, 96, 97
pays țară *f (pl* țări*)*
paysage peisaj *n (pl* e*)*
PCV : appeler en PCV a telefona cu taxă inversă 113
péage punct *n* de plată al taxei de autostradă
peau piele *f*
peigne pieptene *m*
peine greutate *f* ; **à peine** cu greu ; **ça vaut la peine** merită osteneala
peinture pictură *f*
peler *(peau)* a curăța coaja
pellicule *(photo)* film *n (pl* -e*)* 103
pendant în timpul ; **pendant une heure** timp de o oră ; **pendant que** în timp ce
pension complète pensiune *f* completă
penser a gândi (gândesc*)* ; **penser à** a se gândi la
perdre a pierde 46 ; **se perdre** a se rătăci ; **être perdu** a fi rătăcit 28
père tată *m (pl* tați*)*
périmé perimat, perimată, perimați, perimate
permettre a permite
permis de conduire permis *n* de conducere
personne *(nom)* persoană *f (pl* -e*)*
personne *(pronom)* nimeni
personnellement personal
petit mic, mică, mici, mici
petit déjeuner mic-dejun *n* 52
prendre le petit déjeuner a lua micul-dejun
peu puțin ; **peu de** puțin, puțină, puțini, puține ; **un peu de** un pic de ; **à peu près** aproape
peuple popor *n (pl* popoare*)*
peur ; **avoir peur (de)** a-i fi frică (de*)*
peut-être poate
phare *(de véhicule)* far *n (pl* -uri*)*
pharmacie farmacie (*f*) *(pl* -i*)* ; **pharmacie de garde** farmacie de gardă
photo fotografie *f (pl* -i*)*, poză *f (pl* -e*)* ; **prendre des photos** a face fotografii/poze
photocopie copie *f* xerox *(pl* copii xerox*)*
phrase frază *f (pl* -e*)*

Dictionnaire FR-ROU

pièce *(monnaie)* monedă *f (pl monezi)* ; *(lieu)* cameră *f (pl -e)*
pièce de rechange piesă *f* de schimb
pièce de théâtre piesă *f* de teatru
pied picior *n (pl picioare)* ; **à pied** pe jos
pierre piatră *f (pl pietre)*
piéton *(nom)* pieton *m (pl -i)* ; **rue piétonne** stradă *f* pietonală
pile *(nom)* baterie *f (pl -i)* ; **3 heures pile** la trei fix
pilule pilulă *f (pl e)* ; **prendre la pilule** a lua anticonceptionale **121**
pilule du lendemain pilula de a doua zi
pipe pipă *f (pl -e)*
pipi : faire pipi a face pipi
pique-nique pic-nic *n*
pique-niquer a face un pic-nic
piquer a înțepa ; **se faire piquer (par)** a fi înțepat (de) **120**
piqûre *(injection)* injecție *f (pl -i)* ; *(d'insecte)* înțepătură *f (pl -i)*
pire mai rău, rea, răi, rele ; **c'est pire que...** e mai rău decât...
piscine piscină *f (pl -e)* **92**
piste cyclable pista *f (pl -e)* pentru bicicliști **92**
pizzeria pizzerie *f (pl -i)*
place *(siège)* loc *n (pl -uri)* **39, 78, 79** ; *(lieu public)* piață *f (pl -e)* ; *(ticket)* bilet *n (pl -e)* ; **il n'y a plus de place** nu mai sunt locuri ; **sur place** pe loc
place de parking loc de parcare
plage plajă *f (pl -e)*
plaie rană *f (pl răni)*
plaindre (se) a se plânge
plaire a plăcea ; **s'il te/vous plaît** te/vă rog ; **ça me plaît** îmi place
plaisir plăcere ; **faire plaisir à** a face plăcere
plan *(carte)* plan *n (pl -uri)* **28, 84**
planche à voile iolă *f (pl -e)*
planche de surf surf-board *n*
plante plantă *f (pl -e)*
plastique *(adj)* plastic, plastică, plastici, plastice ; *(nom)* plastic *n*
plat *(nom) (récipient)* farfurie *f (pl -i)* ; *(préparation)* fel *n (pl -uri)* de mâncare
plat *(adj)* plat, plată, plați, plate
plat de résistance fel *n* principal
plâtre : avoir un plâtre au bras/à la jambe a avea mâna/piciorul în ghips
plein *(nom)* ; **faire le plein** *(d'essence)* a face plinul
plein *(adj)* plin, plină, plini, pline ; **plein de** plin de
pleurer a plânge
pleuvoir a ploua ; **il pleut** plouă
plombage plomba *f*
plombier instalator *m (pl -i)*
plongée (sous-marine) scufundare *f (subacvativă)* ; **faire de la plongée** a face scufundări
pluie ploaie *f*
plupart ; **la plupart (de)** majoritatea
plus : il n'y a plus de... nu mai sunt... ; **plus que** mai mult ca ; **à plus tard !** pe curând!
plusieurs mai mulți *mpl*, mai multe *fpl*
plutôt mai degrabă
pneu cauciuc *n (pl -uri)*
poche buzunar *n (pl -e)*
poêle tigaie *f (pl tigăi)*
poignet încheietură *f (pl -i)* a mâinii
poil păr *m inv*
point punct *n (pl -e)* ; **être sur le point de** a fi pe punctul de ; **à point** numai bun
point de repère punct de reper
pointure măsură *f (pl -i)*
poisson pește *m (pl -i)*
poissonnerie pescărie *f (pl -i)*
poitrine piept *n (pl -uri)*
police poliție *f*
policier polițist *m (pl polițiști)*
pommade alifie *f (pl -i)*
pompe à vélo pompă *f*
pompiers pompieri *mpl*
pont pod *n (pl -uri)*
port port *n (pl -uri)*
portable *(nom) (téléphone)* telefon mobil *n (pl telefoane mobile)* **113, 116**
porte poartă *f (pl porți)*
portefeuille mapă *f (pl -e)*
porte-monnaie portmoneu *n (pl -e)*
porter a purta
portrait portret *n (pl -e)*
possible posibil, posibilă, posibili, posibile ; **le plus tôt possible** cât mai repede cu putință
poste poștă *f (pl -e)* **107**
poste restante post *n* restant
pot *(récipient)* oală *n (pl -e)*
potable ; **eau potable/non potable** apă potabilă/nepotabilă

pot d'échappement țeavă *f* de eșapament
poubelle *(à la maison)* coș *n* de gunoi; *(dans la rue)* pubelă *f (pl -e)* ; **mettre à la poubelle** a arunca la gunoi
poudre praf *n*
poumon plămân *m (pl -i)*
pour pentru ; **pour que** pentru ca ; **pour cent** la sută
pourboire bacșiș *n*
pourquoi de ce
pousser a împinge
poussette cărucior *n*
pouvoir a putea
précédent precedent, precedentă, precedenți, precedente
préféré preferat, preferată, preferați, preferate
préférer a prefera
premier primul, prima, primii, primele
prendre a lua ; **ça prend deux heures** se fac două ore
prénom prenume *n*
préparer a pregăti (pregătesc)
près aproape ; **(tout) près de** (foarte) aproape de
présenter a prezenta ; **je te présente...** ți-l/ți-o prezint pe...
préservatif prezervativ *n (pl -e)*
presque aproape
pressé : être pressé a fi grăbit
pression *(bière)* bere *f (pl -i)* la halbă; *(de pneu)* presiune *f*
prêt gata, gata, gata, gata ; **être prêt** a fi gata ; **être prêt à** a fi gata de
prêter a împrumuta
prêtre preot *m (pl* preoți*)*
prévenir a avertiza (avertizez)
prévisions météo prognoza *(fsg)* meteo 36
prévoir a prevedea
prier : je t'en/vous en prie te/vă rog
printemps primăvară *f*
prise *(électrique)* priză *f (pl -e)* 113
privé *(inscription)* accesul interzis
prix preț *n (pl -uri)*; *(récompense)* răsplată *f*
probablement probabil
problème problemă *f (pl -e)*
prochain următor, următoare, următori, următoare ; **à une prochaine !** pe curând!
proche apropiat, apropiată, apropiați, apropiate ; **le plus proche** cel mai aproape
produit produs *n (pl -e)*
professeur profesor *m (pl -i)*, profesoară *f (pl -e)*
profession meserie *f (pl -i)*
profiter de a profita de
profond adânc, adâncă, adânci, adânci
programme program *n (pl -e)*
progrès ; faire des progrès a face progrese
promener (se) a se plimba ; **aller se promener** a merge la plimbare
promettre a promite
prononcer a pronunța
proposer a propune
propre curat, curată, curați, curate; *(particulier)* propriu, proprie, proprii, proprii
propriétaire proprietar *m (pl -i)*, proprietară *f (pl -e)*
protéger a proteja (protejez) ; **se protéger** a se feri (feresc)
public *(nom)* public *n*
public *(adj)* public, publică, publici, publice
puisque întrucât
pull pulover *n (pl -e)*
pyjama pijama *f (pl -le)*

Q

quai *(de gare, de métro)* peron *n (pl* peroane*)*; *(de port)* chei *n (pl -uri)*
qualité calitate *f (pl* calități*)* ; **de bonne qualité** de bună calitate
quand când ; **quand même** totuși
quart sfert *n* ; **un quart d'heure** un sfert de oră
quartier cartier *n (pl -e)*
que (pe) care; *(seulement)* decât ; **que faites-vous ?** ce faceți? ; **qu'est-ce que... ?** ce este... ; **plus petit que...** mai mic decât... ; **je pense que...** cred că...
quel care
quelque chose ceva
quelquefois uneori
quelque part undeva
quelques câteva (*inv*)
quelques-uns câțiva *mpl*, câteva *fpl*
quelqu'un cineva

question întrebare *f (pl* întrebări*)* ; **poser une question** a pune o întrebare
queue *(file)* coadă *f (pl* cozi*)* 85 ; **faire la queue** a sta la coadă
qui cine
quitter a părăsi (părăsesc) ; **ne quittez pas** rămâneţi la telefon
quoi ce ; **il n'y a pas de quoi** nu ai/nu aveţi de ce
quoique deşi

R

rabais ; **faire un rabais** a face o reducere 96
raccourci scurtătură *f (pl* -i*)*
raconter a povesti (povestesc)
radiateur radiator *n*
radio *(transistor)* radio *n*; *(rayons X)* radiografie *f (pl* -i*)*
rage de dents durere *f* de dinţi
randonnée drumeţie *f (pl* -i*)* 90 ; **faire de la/une randonnée** a face drumeţii/o drumeţie
ranger a aşeza
rapatrier a repatria (rapatriez)
rapide rapid, rapidă, rapizi, rapide
rappeler *(au téléphone)* a suna (din nou) 115 ; **se rappeler** a-şi aminti (amintesc) ; **ça me rappelle...** asta îmi aminteşte...
raquette rachetă *f (pl* -e*)*
rare rar, rară, rari, rare
rarement rar
raser (se) a se rade
rasoir lamă *f* de ras
rasoir électrique aparat *n* de ras
rater *(train, avion)* a pierde 41, 43
ravi încântat, încântată, încântaţi, încântate ; **ravi de faire votre connaissance** încântat de să vă cunosc
rayon *(d'un magasin)* raion *n (pl* -e*)* 98, 99
récent récent, recentă, recenţi, recente
réception *(d'un hôtel)* recepţie *f*; *(sur portable)* semnal *n* 116 ; **à la réception** la recepţie 53
réceptionniste recepţioner *m (pl* -i*)*, recepţioneră *f (pl* -e*)*
recette reţetă *f (pl* -e*)*
recevoir a primi (primesc)
rechange : ...de rechange ...de schimb
recharger *(portable)* a încărca 113
recommandé recomandat, recomandată, recomandaţi, recomandate ; **en recommandé** recomandată
recommander a recomanda 52, 58, 60
reconnaissant recunoscător, recunoscătoare, recunoscători, recunoscătoare
reconnaître a recunoaşte
reçu recipisă *f (pl* -e*)* 97, 121
réfléchir a se gândi (gândesc) 99
réfrigérateur frigider *n*
refuge refugiu *m (pl* -i*)*
refuser a refuza
regarder a privi
régime regim *n (pl* -uri*)* ; **être au régime** a fi la/a ţine regim
région regiune *f (pl* -i*)* ; **dans la région** în regiune
règles ciclu *nsg* ; **avoir ses règles** a fi la ciclu
regretter a regreta
rein rinichi *m (pl* rinichi*)*
rejoindre a se întâlni (întâlnesc)
remarquer a remarca
rembourser a rambursa (rambursez) ; **se faire rembourser** a fi rambursat 121
remercier a mulţumi (mulţumesc)
remontée mécanique telecabină *f (pl* -e*)*, teleferic *n (pl* e*)*
remparts ziduri *npl* de apărare
remplir a umple ; *(formulaire)* a completa (completez)
rencontrer a întâlni (întâlnesc) ; **se rencontrer** a se întâlni
rendez-vous întâlnire *f (pl* -i*)* ; **prendre un rendez-vous** a stabili (stabilesc) o întâlnire *(médical)*; a face o programare 119 ; **se donner rendez-vous** a-şi da o întâlnire ; **avoir rendez-vous (avec)** a avea o întâlnire (cu) *(le médecin)*; a avea o programare
rendre a da înapoi
renseignement informaţie *f (pl* -i*)* 84
rentrer *(à la maison)* a se întoarce
renverser a răsturna ; **se faire renverser** a fi răsturnat
réparer a repara 46 ; **faire réparer** a duce la reparat
repas masă *f (pl* -e*)*
repasser *(vêtement)* a călca
répéter a repeta 25, 113
répondeur robot *m*

Dictionnaire FR-ROU

répondre a răspunde
réponse răspuns *n (pl -uri)*
reposer (se) a se odihni
réservé rezervat, rezervată, rezervați, rezervate
réserver a rezerva **39, 50, 51, 59**
ressembler à a semăna cu ; **se ressembler** a se asemăna
restaurant restaurant *n (pl -e)* **58**
reste : le reste restul *m*
rester a sta, a rămâne ; **est-ce qu'il reste des places ?** mai sunt locuri?
retard întârziere *f (pl -i)* ; **en retard** în întârziere
retardé întârziat, întârziată, întârziați, întârziate
retirer *(de l'argent)* a scoate
retour întoarcere *f* ; ; **être de retour** a se întoarce
retrait des bagages recuperare *f* a bagajelor
retraite pensie *f* ; **être à la retraite** a fi pensionar, pensionară, pensionari, pensionare ; **prendre sa retraite** a ieşi la pensie
retraité *(adj)* pensionar, pensionară, pensionari, pensionare
retrouver (se) *(se donner rendez-vous)* a se întâlni (întâlnesc*)* **77**
réunion întâlnire *f (pl -i)* ; *(de travail)* şedință *f (pl -e)*
réveil deşteptător *n*
réveiller a trezi (trezesc*)* ; **se réveiller** a se trezi
revenir a se întoarce
rêver a visa (visez*)*
revoir (se) a se revedea ; **au revoir** la revedere
revue revistă *f (pl -e)*
rez-de-chaussée parter *n*
rhumatismes reumatism (*nsg*)
rhume răceală *f*
rien nimic
risque risc *n (pl -uri)*
risquer : il risque de... riscă să... ; **il risque de pleuvoir** probabil vine ploaia
rivière râu *n (pl -uri)*
robe rochie *f (pl -i)*
robinet robinet *n*
rocher stâncă *f (pl -i)*
roi rege *m (pl -i)*
rond-point sens *n* giratoriu *(pl* sensuri giratorii*)*
rose *(adj)* roz, roz, roz, roz
roue roată *f (pl* roți*)*
roue de secours roată de rezervă
rouge roşu, roşie, roşii, roşii
Roumain roman *m (pl -i)*, româncă *f (pl -e)*
roumain *(langue)* română *f*; *(adj)* românesc, românească, româneşti, româneşti
Roumanie România *f*
route drum *n (pl -uri)* **28**
rouvrir a redeschide
rue stradă *f (pl* străzi*)*
ruines ruine *fpl* ; ; **en ruines** în ruină
Russie Rusia *f*

S

sa sa, lui/ei (*voir grammaire*)
sable nisip *n*
sac geantă *f (pl* genți*)*
sac à dos rucsac *n (pl -uri)*
sac à main poşetă *f (pl -e)*
sac de couchage sac *m (pl -i)* de dormit
sac plastique pungă *f (pl -i)* **96**
sac poubelle pungă de gunoi
sachet *(de thé)* plic *n*
saignant *(viande)* în sânge
saigner a sângera (sângerez*)*
saison anotimp *n (pl -uri)*
sale murdar, murdară, murdari, murdare
salé sărat, sărată, sărați, sărate
salle sală *f (pl* săli*)*
salle de bains baie *f (pl* băi*)*
salon cameră *f (pl -e)* de zi
salut ! salut!
samedi sâmbătă *f*
sandales sandale *fpl*
sandwich sandviş *n (pl -uri)*
sang sânge *n*
sans fără
santé sănătate *f* ; **santé !** sănătate! ; **en bonne santé** sănătos, sănătoşi, sănătoasă, sănătoase
sauf cu excepția
sauvage sălbatic, sălbatică, sălbatici, sălbatice
sauvegarder a salva (salvez*)*
savoir a şti
savon săpun *n*
scooter scooter *n (pl -e)*
Scotch® scotch *n*
sculpture sculptură *f (pl -i)*

sec uscat, uscată, uscaţi, uscate
sèche-cheveux foen *n*
sécher a usca ; **faire sécher** *(linge)* a pune la uscat
sécheresse secetă *f*
seconde secundă *f (pl -e)*
secours ajutor *n* ; **au secours !** ajutor! ; **appeler au secours** a chema în ajutor
secrétaire secretar *m (pl -i)*, secretară *f (pl -e)*
sécurité siguranţă *f* ; **en sécurité** în siguranţă
sein sân *m (pl -i)*
séjour sejur *n (pl -uri)*
sel sare *f*
semaine săptămînă *f (pl -i)* ; **en semaine** în timpul săptămânii ; **toute la semaine** toată săptămâna
sens *(direction)* direcţie *f (pl -i)*; *(signification)* sens *n (pl -uri)*
sensible sensibil, sensibilă, sensibili, sensibile
sentier cărare *f (pl cărări)* 90
sentir *(percevoir)* a simţi ; *(dégager une odeur)* a mirosi ; **sentir bon/ mauvais** a mirosi frumos/urât ; **se sentir bien/ mal** a se simţi bine/rău 120
séparément separat
séparer a despărţi
septembre septembrie *m*
sérieux serios, serioasă, serioşi, serioase
serré strâns, strânsă, strânşi, strânse
serrure broască *f (pl broaşte)*
serveur chelner *m (pl -i)*, chelneriţă *f (pl -e)*
service *(faveur)* serviciu *m (pl -i)*; *(pourboire)* bacşiş *n (pl -uri)* 64 ; **rendre un service** a face un serviciu
serviette *(de toilette)* prosop *n (pl prosoape)*; *(de table)* şerveţel *n (pl -e)*
serviette en papier şerveţel de hârtie
serviette hygiénique tampon *n (pl tampoane)*
servir ; **servir à** a folosi (folosesc) la ; **se servir de** a se folosi de
ses săi/sale, lui/ei *(voir grammaire)*
seul singur, singură, singuri, singure ; **un seul/une seule** un singur/o singură
seulement doar
sexe sex *n (pl -e)*
shampooing şampon *n*
shopping cumpărături *fpl* ; **aller faire du shopping** a merge la cumpărături
short şort *n (pl -uri)*
si *(de condition)* dacă ; *(tellement)* atât de ; *(oui)* ba da
sida sida *f*
siècle secol *n (pl -e)* ; **au XIXe siècle** în secolul al nouăsprezecelea
sien : le sien al său, al lui/ai ei ; **la sienne** a sa, a lui/a ei ; **les siens** ai săi, ai lui/ai ei ; **les siennes** ale sale, ale lui/ale ei *(voir grammaire)*
sieste siestă *f (pl e)* ; **faire la sieste** a-şi face siesta
signer a semna (semnez)
signifier a însemna 25
silence linişte *f*
simple simplu, simplă, simpli, simple
sinon dacă nu
sirop sirop *n (pl -uri)*
site Internet site *n (pl -uri)* Internet
ski schi *n (pl -uri)* 91 ; **faire du ski** a face schi
slip chilot *m (pl chiloţi)*
slip de bain slip *n (pl -uri)*
SMS SMS *n (pl -uri)*
sœur soră *f (pl surori)*
soie mătase *f*
soif : avoir soif a-i fi sete
soir seară *f (pl seri)* ; **ce soir** în seara asta ; **le soir** seara
soirée *(soir)* seară *(pl seri)*; *(fête)* petrecere *f (pl -i)* ; **dans la soirée** seara
sol podea *f*
soldes reduceri *fpl* ; **en solde** ieftinit, ieftinită, ieftiniţi, ieftinite
soleil soare *m* ; **au soleil** la soare
sommeil ; **avoir sommeil** a-i fi somn
sommet vârf *n (pl -uri)*
somnifère somnifer *n (pl -e)*
son *(adj possessif)* său, lui/ei (*(voir grammaire)*
sortie ieşire *f (pl -i)*
sortie de secours ieşire de siguranţă
sortir a ieşi ; **sortir avec quelqu'un** a ieşi cu cineva
souci grijă *f (pl -i)*
souffrir a suferi
souhait urare *f (pl urări)* ; **à tes/vos souhaits !** noroc!
soûl beat, beţi, beată, bete
sourd *(nom)* surd *m (pl surzi)*, surdă *f (pl -e)*
sourire *(v)* a zâmbi (zâmbesc)

souris şoarece *m (pl* soareci*)*; *(d'ordinateur)* mouse *n*
sous sub
sous-titré subtitrat, subitrată, subtitraţi, subtitrate
sous-vêtements lenjerie (*f inv*)
soutien-gorge sutien *n (pl -e)*
souvenir *(objet)* suvenir *n (pl -uri)*
souvenir *(v)* ; **se souvenir (de)** a-şi aminti (amintesc*)* de
souvent adesea ; **pas souvent** nu prea des
sparadrap leucoplast *n*
spécial special, specială, speciali, speciale
spécialité specialitate *f (pl* specialităţi*)*
spectacle spectacol *n (pl -e)* 79
sport sport *n (pl -uri)*
sportif *(adj)* sportiv, sportivă, sportivi, sportive
stade stadion *n (pl* stadioane*)*
station staţiune *f (pl -i)*
station balnéaire staţiune *f* balneară *(pl* staţiuni balneare*)*
station de métro staţie *f (pl -i)* de metrou
station de ski staţiune *f (pl -i)* de schi
station-service staţie *f (pl -i)* de benzină 45
statue statuie *f (pl -i)*
stop ; **faire du stop** a face autostopul
studio *(appartement)* garsonieră *f (pl -e)*
style stil *n (pl -uri)*
stylo stilou *n (pl -uri)*
sucre zahăr *n*
sucré dulce, dulce, dulci, dulci
sud : **au sud (de)** la sud (de*)*
suffire a ajunge ; **ça suffit** destul ; **il suffit de...** e destul să...
suivant următor, următoare, următori, următoare
suivre a urma 125 ; **faire suivre** a trimite (mai departe*)* 108
super *(nom) (essence)* super *f*
super *(adj)* super, super, super, super
supermarché supermarket *n (pl -uri)*
supplément supliment *n (pl -e)*
supplémentaire suplimentar, suplimentară, suplimentari, suplimentare
supporter a suporta ; **je ne supporte pas...** nu pot să suport...
suppositoire supozitor *n (pl* supozitoare*)*
sur pe
sûr sigur, sigură, siguri, sigure
surf surfing *n*
surgelé congelat, congelate, congelaţi, congelate
surprise surpriză *f (pl -e)*
surveiller a avea grijă 125
sympa simpatic, simpatică, simpatici, simpatice

T

ta ta (*voir grammaire)*
tabac *(à fumer)* tutun *m*; *(magasin)* tutungerie *f (pl -i)*
table masă *f (pl* mese*)* 59
tableau *(d'art)* tablou *n (pl -uri)*
tache pată *f (pl* pete*)*
taie d'oreiller faţă *f (pl* feţe*)* de pernă
taille *(grandeur)* mărime *f (pl -i)*; *(de vêtement)* număr *n (pl* numere*)* 99 ; *(partie du corps)* talie *f*
talon ; **chaussures à talons** pantofi *mpl* cu tocuri
tampon *(hygiénique)* tampon *n (pl* tampoane*)*
taper : **taper à l'ordinateur** a scrie la calculator
tapis covor *n (pl* covoare*)*
tapis de sol covor
tard târziu ; **à plus tard** pe curând
tarif tarif *n (pl e)* ; **tarif réduit** tarif redus 86 ; **plein tarif** tarif întreg 86
tasse ceaşcă *f (pl* ceşti*)*
taux de change curs *n (pl -uri)* de schimb
taxe taxă *f (pl -e)* ; **hors taxes** fără taxe ; **taxe d'aéroport** taxă de aeroport
taxi taxi *n (pl -uri)* 46
te *(COD)* te ; *(COI)* îţi (*voir grammaire)*
tee-shirt tricou *n (pl -uri)*
téléphone telefon *n (pl* telefoane*)*
téléphone portable telefon mobil 113, 116
téléphoner (à) a telefona (la*)*
télésiège telescaun *n (pl -e)*
télévision televizor *n (pl* televizoare*)*
température temperatură *f (pl -i)* ; **prendre sa température** a-şi lua temperatura
tempête furtună *f (pl -i)*
temporaire temporar, temporară, temporari, temporare

temps *(météo)* vreme *f*; *(durée)* timp *n* ; **de temps en temps** din când în când ; **tout le temps** tot timpul ; **avoir le temps de** a avea timp să
tenir a ține
tennis *(sport)* tenis *n*
tennis *(chaussures)* teniși *mpl*
tension tensiune *f (pl -i)*
tente cort *n (pl -uri)*
terminal terminal *n (pl -e)*
terrain : terrain de camping camping *n (pl -uri)* ; **terrain de foot** teren *n (pl -uri)* de fotbal
terrasse terasă *f (pl -e)* ; **en terrasse** pe terasă
terre pământ *n* ; **par terre** pe jos
tes tăi/tale *(voir grammaire)*
tête cap *n (pl capete)*
thé ceai *n (pl -uri)*
théâtre teatru *n (pl -e)*
thermomètre termometru *n*
thermos® termos *n (pl -uri)*
ticket bilet *n (pl -e)* 78, 85
ticket de caisse bon *n (pl -uri)*
tiède cald, caldă, calzi, calde
tien : le tien/la tienne al tău/a ta ; **les tiens/tiennes** ai tăi/ale tale
timbre timbru *n (pl -e)* 108
timide timid, timidă, timizi, timide
tire-bouchon tirbușon *n (pl tirbușoane)*
tire-fesses teleschi *n (pl -uri)*
tirer a trage
tisane ceai *n (pl -uri)* (de plante)
tissu țesut *n (pl -uri)*
toi *(voir grammaire)*
toilettes WC *n (pl -uri)* ; toaletă *f (pl -e)* ; **toilettes pour hommes/femmes** WC bărbați/femei 24
tomber a cădea ; **tomber malade** a se îmbolnăvi (îmbolnăvesc) ; **laisser tomber** a o lăsa baltă
ton tău *(voir grammaire)*
tongs saboți *mpl*
torchon cârpă *f (pl cârpe)*
tordre ; se tordre la cheville a-și scrânti (scrântesc) glezna 121
tôt devreme
toucher a atinge
toujours mereu
tour : c'est ton tour e rândul tău
touriste turist *m (pl turiști)*, turistă *f (pl -e)*
touristique turistic, turistică, turistici, turistice
tournée turneu *n (pl -e)*
tourner a o lua
tous toți *mpl*, toate *fpl* ; **tous les deux** amândoi *mpl*, amândouă *fpl* ; **tous les jours** în fiecare zi
tousser a tuși (tușesc)
tout tot *m*, toată *f* ; **tout le temps** tot timpul ; **tout le monde** toată lumea ; **toute la journée** toată ziua ; **tout de suite** imediat ; **tout droit** tot înainte
toux tuse *f* ; **avoir de la toux** a tuși (tușesc)
tradition tradiție *f (pl -i)*
traditionnel tradițional, tradițională, tradiționali, tradiționale
traduire a traduce
train tren *n (pl -uri)* 43
tramway tramvai *n (pl -e)*
tranche felie *f (pl -i)*
tranquille liniștit, liniștită, liniștiți, liniștite ; **laissez-moi tranquille !** lăsați-mă în pace!
transpirer a transpira
travail *(activité)* muncă *f (pl -i)*; *(lieu)* servici *n (pl -i)*
travailler a lucra (lucrez) ; **travailler dans** a lucra în domeniul
travaux lucrări *fpl*
Travellers Chèque® Cec *n* Travellers
travers : à travers prin
traverser *(rue)* a traversa (traversez)
très foarte
triste trist, tristă, triști, triste
tromper (se) a se înșela ; *(de chemin)* a o lua greșit 28
trop prea ; **trop de** prea mult, multă, mulți, multe
trou gaură *f (pl găuri)*
trousse de toilette neseser *n*
trouver a găsi (găsesc)
truc truc *n (pl uri)*
tu tu
tuer a omorâ
TVA TVA *f*
type *(sorte)* tip *n (pl -uri)*; *(homme)* tip *m (pl -i)*

U

Ukraine Ucraina *f*

un(e) *(article)* un *m*, o *f*; *(nombre)* unu *m*, una *f*
Union européenne Uniunea *f* Europeană
université universitate *f (pl* universităţi*)*
urgence urgenţă *f (pl -e)* ; **en cas d'urgence** în caz de urgenţă ; **appeler les urgences** a suna la urgenţe
urgent urgent, urgentă, urgenţi, urgente 124
usine uzină *f (pl -e)*
utile util, utilă, utili, utile
utiliser a folosi (folosesc)

V

vacances concediu *n (pl -i)*; *(scolaires)* vacanţă *f (pl -e)* ; **être en vacances** a fi în concediu/vacanţă 33 ; **passer les vacances à...** a-şi petrece concediul/vacanţa la...
vacciner ; être vacciné contre a fi vaccinat împotriva
vache vacă *f (pl -i)*
vague *(nom)* val *n (pl -uri)*
vaisselle : faire la vaisselle a spăla vasele
valable valabil, valabilă, valabili, valabile 85
validité valabilitate *f* ; **en cours de validité** în termen de valabilitate
valise valiză *f (pl -e)* 40 ; **faire ses valises** a-şi face bagajul
vallée vale *f (pl* văi*)*
valoir a valora ; **ça vaut...** *(somme)* costă... ; **il vaut mieux...** mai bine să...
veau viţel *m (pl -i)*
végétarien vegetarian, vegetariană, vegetarieni, vegetariene
vélo bicicletă *f (pl -e)*
vendeur vânzător *m (pl -i)*, vânzătoare *f (pl* vânzătoare*)*
vendre a vinde ; **à vendre** de vânzare
vendredi vineri *f*
venir a veni ; **je viens de Paris** vin de la Paris ; **je viens d'arriver** tocmai am sosit
vent vânt *n*
ventilateur ventilator *n (pl* ventilatoare*)*
ventre burtă *f*
vérifier a verifica
verre *(contenant)* pahar *n (pl -e)*
verrou zăvor *n (pl* zăvoare*)*
vers *(en direction de)* spre ; *(environ)* cam
vert verde, verde, verzi, verzi
veste haină *f (pl -e)*
vestiaire vestiar *n (pl -e)*
vêtement haină *f (pl -e)*
vétérinaire veterinar *m (pl -i)*
veuf văduv *m (pl -i)*, văduvă *f (pl -e)*
vexé ofensat, ofensată, ofensaţi, ofensate
viande carne *f*
vide *(adj)* gol, goală, goi, goale
vidéo video *n*
vie viaţă *f (pl* vieţi*)*
vieux *(personne)* bătrân, bătrână, bătrâni, bătrâne ; *(chose)* vechi, veche, vechi, vechi
villa vilă *f (pl -e)*
village sat *n (pl -e)*
ville oraş *n (pl -e)* ; **vieille ville** oraşul vechi
vin vin *n (pl -uri)* ; **vin blanc/rouge/rosé** vin alb/roşu/rosé
viol viol *n (pl -uri)*
violet violet, violetă, violeţi, violete
virement *(bancaire)* virament *n* 106
visa viză *f (pl -e)*
visite vizită *f (pl -e)* ; **rendre visite à** a face o vizită la
visite guidée vizită ghidată 86
visiter a vizită (vizitez) 33
vite repede
vitesse viteză *f* ; **à toute vitesse** în goană
vitraux vitralii *npl*
vitre geam *n (pl -uri)*
vitrine vitrină *f (pl -e)* 99
vivant viu, vie, vii, vii
vivre a trăi (trăiesc)
vœux urări *(fpl)* ; **meilleurs vœux** cu cele mai bune urări
voici iată
voilà iată
voile : faire de la voile a face iolă
voir a vedea
voisin vecin *m (pl -i)*, vecină *f (pl -e)*
voiture maşină *f (pl -e)*; *(d'un train)* vagon *n (pl* vagoane*)* ; **en voiture** cu maşina
voix voce *f (pl -i)*
vol *(délit)* furt *n (pl -uri)*; *(d'avion)* zbor *n (pl -uri)*
volaille pasăre *f (pl* păsări*)*

voler *(dérober)* a fura 125 ; *(dans l'air)* a zbura
voleur hoț *m (pl -i)*
volley-ball volei *n*
vomir a vomita ; **avoir envie de vomir** a-i veni să vomite
vos voştri/voastre ; *(vouvoiement)* dumneavoastră (*voir grammaire)*
vos vostru/voastră ; *(vouvoiement)* dumneavoastră (*voir grammaire)*
vôtre : le/la vôtre al vostru/a voastră *(vouvoiement)* ; al/a dumneavoastră ; **les vôtres** ai voştri/ ale voastre *(vouvoiement)* ; ai/ale dumneavoastră
vouloir a vrea ; **vouloir dire** a însemna ; **je voudrais...** aş vrea...
vous *(sujet collectif)* voi ; *(de politesse)* dumneavoastră ; *(COD, COI)* vă (*voir grammaire)*
voyage călătorie *f (pl -i)*, drum *n (pl -uri)* ; **bon voyage !** drum bun!
voyage d'affaires călătorie de afaceri
voyage de noces lună de miere
voyage organisé excursie *f* organizată
voyager a călători (călătoresc)
vrai adevărat, adevărată, adevăraţi, adevărate
vraiment într-adevăr
VTT montain bike (*f inv*)
vue vedere *f (pl -i)* ; **vue sur mer** vedere spre mare

W

Walkman® walkman *n*
W-C WC *n (pl -uri)*, toaletă *f (pl -e)*
week-end week-end *n (pl -uri)*
Yougoslavie Yugoslavia *f*

Z

zéro zero *n*
zoo grădina *f* zoologică
zoom zoom *n*

A

acasă à la maison, chez soi
accelerator accélérateur
accent accent
accepta accepter
acces accès
accident accident
aceasta cela
aceea celle-là
aceia ceux-là
acela celui-là
acelea celles-là
aceasta celle-ci
acesta celui-ci
acestea celles-ci
aceştia ceux-ci
acolo là-bas
acoperit couvert
acord ; **sunt de acord** je suis d'accord
act acte, document ; **actele!** vos papiers !
acte de identitate papiers d'identité
acum maintenant ; **acum doi ani** il y a deux ans
adânc profond
adesea souvent
adevărat vrai
adolescent adolescent
adormi s'endormir
adresă adresse
adresă de e-mail adresse e-mail
aduce apporter
adult adulte
aer air ; **în aer liber** en plein air
aer condiţonat climatisation
aeroport aéroport
afară dehors
afiş affiche
afla entendre dire ; **a se afla** se trouver
agenţie agence
agenţie de voiaj agence de voyages
aglomerat bondé, encombré
agrava ; **a se agrava** s'aggraver
agresa agresser
aici ici
ajunge arriver, suffire ; **a ajunge la aeroport** arriver à l'aéroport ; **ajunge!** ça suffit !
ajuta aider
ajutor aide, secours ; **ajutor!** au secours ! ; **a chema în ajutor** appeler au secours
alaltăieri avant-hier
alb blanc
albastru bleu
albină abeille
alcool alcool
alege choisir
alegere choix
alergic allergique
alge algues
alifie pommade
alo allô
alt autre
altceva autre chose
altcineva quelqu'un d'autre
amabil gentil
amândoi/amândouă tous/toutes les deux
ambasadă ambassade
ambulanţă ambulance
ambuteiaj embouteillage
amendă amende
amenzi (*pl de*) amendă
amesteca mélanger
amic ami, copain
aminti ; **a-şi aminti de** se souvenir de ; **a-i aminti cuiva ceva** rappeler à quelqu'un quelque chose
amintire souvenir
an année ; **are zece ani** il a dix ans ; **la mulţi ani!** bonne année ! ; **anul nou** le nouvel an
anestezie anesthésie
angină angine
animal animal
aniversare anniversaire
anotimp saison
antibiotic antibiotique
antic antique
Antichitate Antiquité
anticonceptional contraceptif
anticoncepţionale ; **a lua anticoncepţionale** prendre la pilule
antreu entrée
anula annuler
anumit certain
apa (la WC) chasse d'eau
aparat de fotografiat appareil photo
aparat de ras rasoir électrique
apartament appartement
apă eau
apă potabilă eau potable
apăsa appuyer ; **a apăsa pe** appuyer sur

apăsător lourd
apendicită appendicite
aperitiv apéritif ; **a lua un aperitiv** prendre l'apéritif
aprilie avril
aprinde allumer
aproape près, à peu près ; **(foarte) aproape de** (tout) près de ; **cel mai aproape** le plus proche
apropiat proche
aramă cuivre
arăta montrer
arde brûler ; **a se arde** se brûler
argint argent *(métal)*
arhitectură architecture
arsură brûlure
artă art
articol article
artist artiste
artizanal artisanal
arunca jeter ; **a arunca la gunoi** mettre à la poubelle
asculta écouter
asemenea pareil, également
asigurare assurance
asigurare integrală assurance tous risques
asistent medical infirmier
aspirină aspirine
asta ça
astm asthme
aşeza poser, mettre, ranger ; **a se aşeza la masă** s'asseoir, se mettre à table
aştepta attendre
atât de tellement, si
atent attentif ; **a fi atent** faire attention ; **atenţie!** attention ! ; **în atenţia** *[(+ génitif)]* à l'attention de
atinge toucher
atmosferă ambiance
atunci alors
august août
aur or ; **de aur** en or
autentic authentique
autobuz autobus, autocar
autogară gare routière
autostop ; **a face autostopul** faire du stop
autostradă autoroute
autostrăzi (*pl de*) autostradă
auzi entendre
avea avoir
avertiza prévenir
avion avion ; **par avion** par avion
avioane (*pl de*) avion
ăla celui-là
ăsta celui-ci
astăzi aujourd'hui

B

ba da! si ! *(oui)*
bac ferry, bac
bacşiş pourboire
bagaj bagage ; **bagaje** bagages, consigne
bagaj de mână bagage à main
baie bain, salle de bains ; **a face baie** prendre un bain
balcon balcon
baloane (*pl de*) balon
baltă mare, flaque d'eau, étang ; **a o lăsa baltă** laisser tomber
ban ban *(centime de leu)*
bancă banque
bancnotă billet *(de banque)*
bancomat distributeur (automatique de billets)
bandaj bandage
bani argent
bani (*pl de*) ban
bar bar
barbă barbe
baschet basket-ball
baterie batterie, pile
batistă mouchoir
băi (*pl de*) baie
băiat garçon
băieţi (*pl de*) băiat
bănci (*pl de*) bancă
bărbat homme
bărbi (*pl de*) *barbe*
bărbie menton
bătrân vieillard, vieux
băţ bâton
băut ; **a merge la băut** aller boire un coup
băutură boisson
băuturi calde boissons chaudes
bâlci fête foraine
bea boire
beat soûl
beată (*f de*) beat
bebeluş bébé
bec ampoule
Belgia Belgique
belgian belge *(adj)*
belgian, belgiancă Belge *(nom)*
belgience (*pl de*) belgiancă
belgieni (*pl de*) belgian *(nom)*

benzină essence
bere bière
bere la halbă bière pression
bete *(pl de)* beat
bețe *(pl de)* băț
bețe de schi bâtons de ski
beți *(pl de)* beat
bețișor igienic din bumbac coton-tige®
biberon biberon
bibliotecă bibliothèque
bicicletă bicyclette
bijuterie bijouterie
bijuterii bijoux
bilet billet
bine bien **; bine ați venit!** bienvenu !
bineînțeles bien sûr
binevenit bienvenu
binoclu jumelles
biserică église
bizantin byzantin
blitz flash
blocat bloqué, coincé
blond blond
blonzi *(pl de)* blond
blugi jean
boală maladie
bocanci chaussures de marche
bogat riche
bol bol
boli *(pl de)* boală
bolnav malade
bon ticket de caisse
borcan pot, bocal
braț bras
brățară bracelet
brichetă briquet
broască serrure
broaște *(pl de)* broască
bronșită bronchite
bronza bronzer
bronzat bronzé
broșură brochure
brutărie boulangerie
bucată ; o bucată de un morceau/bout de
bucate plats
bucătărie cuisine *(pièce)*
bucuros content
bulevard avenue, boulevard
Bulgarie Bulgarie
bumbac coton *(textile)*
bun bon *(adj)*
burete éponge
bureți *(pl de)* burete
burtă ventre
butelie de gaz Camping-Gaz®, bouteille de gaz
butoane *(pl de)* buton
buton bouton
buză lèvre
buzunar poche

C

ca comme
cabină cabine
cabină de probă cabine d'essayage
cabină telefonică cabine téléphonique
cadou cadeau
cafea café *(boisson)*
cafea cu lapte café au lait
cafele *(pl de)* cafea
cafenea café *(lieu)*
cafenele *(pl de)* cafenea
caiac kayak
calculatoare *(pl de)* calculator
calculator ordinateur
cald chaud **; e cald** il fait chaud
calitate qualité **; de bună calitate** de bonne qualité
calități *(pl de)* calitate
cam vers, presque, environ
cameră chambre, pièce
cameră de oaspeți chambre d'hôtes
cameră de zi salon
cameră de luat vederi caméra
camion camion
camping camping, terrain de camping
canal chaîne *(de télévision)*
cap tête
capăt extrémité, bout **; la capătul străzii** au bout de la rue
capelă chapelle
capete *(pl de)* cap
carbogazos gazeux
card carte bancaire
care que **; care?** lequel ?, quel ?
carie carie **; a avea o carie** avoir une carie
carne viande
carte livre, carte
carte de identitate carte d'identité
carte de telefoane annuaire
carte de vizită carte de visite
cartelă telefonică carte de téléphone
cartier quartier
casă maison, caisse
casă de bilete billetterie
cască casque, écouteurs

casetă video vidéocassette
castel château
catastrofă catastrophe
catedrală cathédrale, basilique
catolic catholique
cauciuc pneu
cauţiune caution
cauză cause ; **din cauza** *[(+ génitif ou possessif)]* à cause de
caz cas ; **în caz de** en cas de ; **în orice caz** de toute manière ; **în cazul în care** au cas où
cazare logement
căciulă bonnet *(de fourrure)*
cădea tomber ; **a se cădea** convenir
călător voyageur, passager
călători voyager
călătorie voyage
călca repasser
căldură chaleur
călduros chaleureux
călugăriţă religieuse, nonne
cămaşă chemise
cămaşă de noapte chemise de nuit
cămăşi *(pl de)* cămaşă
cărare chemin, sentier
cărări *(pl de)* cărare
cărţi *(pl de)* carte
cărucioare *(pl de)* cărucior
cărucior Caddie®
căsătorie mariage
căsătorit marié
căşti *(pl de)* cască
căuta chercher
câine chien
când quand ; **din când în când** de temps en temps
cânta chanter
cârpă chiffon
câştiga gagner
cât combien ; **cât costă?** combien ça coûte ? ; **cât timp?** combien de temps ? ; **cât e ceasul?** quelle heure est-il ? ; **cât mai repede cu putinţă** le plus tôt possible
câtăva *(f de)* câtva
câteva *(f de)* câţiva
câtva quelque *(adj)*
câţiva quelques-uns
ce quoi ; **nu ai/nu aveţi de ce** il n'y a pas de quoi ; **de ce?** pourquoi ?
cea ; **cea mai bună** la meilleure
ceai thé ; **ceai (de plante)** tisane, infusion
cearşaf drap
ceas montre
ceaşcă tasse
ceaţă brouillard
cec chèque
Cec Euro eurochèque
Cec Travellers chèque de voyage
cei ; **cei mai buni** les meilleurs
cel ; **cel mai bun** le meilleur
cele ; **cele mai bune** les meilleures
cent centime
centrimetru centimètre
centru centre, centre-ville
centru comercial centre commercial
centură ceinture
centură de siguranţă ceinture de sécurité
cenţi *(pl de)* cent
cer ciel
cercei boucles d'oreilles
cere demander, réclamer
ceşti *(pl de)* ceaşcă
ceţuri *(pl de)* ceaţă
ceva quelque chose
chef envie ; **a avea chef de** avoir envie de ; **a face chef** faire la fête
chei quai
chei *(pl de)* cheie
cheie clé
chelner, chelneriţă serveur, serveuse
cheltui dépenser
chema appeler ; **a se chema** s'appeler ; **cum te cheamă?** comment t'appelles-tu ?
chiar même
chibrit allumette
chilot slip, caleçon
chioşc de ziare kiosque à journaux
chirie loyer
chiuvetă lavabo
ciclu cycle ; **a fi la ciclu** avoir ses règles
cimitir cimetière
cina ; **a lua cina** dîner *(v)*
cină dîner *(nom)*
cine qui ; **cine-i la telefon?** qui est à l'appareil ?
cinema cinéma *(genre)*
cinematograf cinéma *(lieu)*
cineva quelqu'un
ciorapi collant, bas, chaussette
circ cirque
circulaţie circulation
citi lire
ciudat bizarre
ciudat drôle *(étrange)*
cizme bottes

clar clair
clasa a doua (la) deuxième classe
clasa economică (la) classe économique
clasa întâi (la) première classe
clasă classe
clasic classique
clădire immeuble, bâtiment
clăpari chaussures de ski
climă climat
clipă instant ; **o clipă, vă rog** un instant, s'il vous plaît
coadă file d'attente ; **a sta la coadă** faire la queue
coastă côte
coborî descendre
cod côde
cod poştal code postal
colac anneau, pain en anneau
colac de salvare bouée
colier collier
colţ coin ; **colţul străzii** le coin de la rue
comanda commander
combină chaîne hi-fi
comision commission
comod confortable ; **faceţi-vă comod!** mettez-vous à l'aise !
companie aeriană compagnie aérienne
compartiment compartiment
complet complètement
completa remplir
compliment compliment
comprimat comprimé
concediu congé, vacances ; **a fi în concediu** être en congé/vacances
concert concert
conduce conduire ; **a conduce pe cineva la gară** amener qn à la gare
conferinţă conférence
confirma confirmer
congelat surgelé
congelator congélateur
constipat constipé
construit în... construit en...
consulat consulat
consuma consommer
consumaţie consommation
cont (bancar) compte (bancaire)
conta compter
contact contact ; **a rămâne în contact** rester en contact
contemporan contemporain
continua continuer
contor (electric) compteur (électrique)
contract contrat
contrar contraire
conveni convenir ; **vă convine?** ça vous va ?
conversa bavarder
copac arbre
copie xerox photocopie
copii (*pl de*) copie (*et de*) copil
copil enfant
corect correct
corespondenţă courrier
corp corps
cort tente ; **a merge cu cortul** faire du camping
costa coûter ; **cât costă?** combien ça coûte ?
costum costume
costum de baie maillot de bain
costum de scafandru combinaison de plongée
coş panier, bouton
coş de gunoi poubelle
covoare (*pl de*) covor
covor tapis, tapis de sol
cozi (*pl de*) coadă
cravată cravate
Crăciun Noël ; **Crăciun fericit!** joyeux Noël !
crede croire ; **cred că...** je pense que...
creioane (*pl de*) creion
creion crayon
cremă crème
cremă de ras crème à raser
cremă de soare crème solaire
creşte grandir
criză crise
criză de inimă crise cardiaque
croazieră croisière
cruce croix
crud cru
cu avec ; **cu atât mai bine/rău** tant mieux/pis ; **cu excepţia** *[(+ génitif)]* sauf
cu plată payant
cub de gheaţă glaçon
cucui bosse
culca ; **a se culca** se coucher ; **a se culca cu cineva** coucher avec quelqu'un
culoare couleur
culori (*pl de*) culoare
cum comment
cuminte sage
cumpăra acheter
cumpărături courses, shopping
cumplit terrible
cunoaşte connaître

cunoscut connu
cunoştinţă connaissance *(personne)*
cupă boule *(de glace)*
cuptoare (*pl de*) cuptor
cuptor four
cuptor cu micro-unde four à microondes
curaj courage ; **curaj!** bon courage !
curat propre
curăţa nettoyer ; **a curăţa coaja** peler
curăţenie ; **a face curăţenie** faire le ménage
curând bientôt ; **pe curând!** à bientôt !, à plus tard !
curs cours
curs de schimb taux de change
cursă navette
cuşetă couchette
cutie boîte
cutie de scrisori boîte aux lettres *(privée)*
cutie de viteze boîte de vitesses
cutie poştală boîte aux lettres
cuţit couteau
cuvânt mot
cuvinte (*pl de*) cuvânt

D

da donner ; **da!** oui !
dacă si ; **dacă nu** sinon
dar mais
data ; **a data (din)** dater (de)
data expirării date d'expiration
data-limită date limite
data naşterii date de naissance
dată date ; **o dată** une fois
datorită *[(+ datif)]* grâce à
de de, depuis ; **de la... până la...** de... à... ; **de când?** depuis quand ? ; **de ce?** pourquoi ? ; **de asemenea** aussi
deal colline
deasupra dessus *[(+ génitif)]* ; au-dessus (de)
decafeinată déca
decalaj orar décalage horaire
decât que ; **n-au decât un copil** il n'ont qu'un enfant ; **mai mic decât** plus petit que
decembrie décembre
deci donc
decide décider
declara déclarer
declaraţie déclaration
decola décoller
dedesubt en dessous ; **pe dedesubt** par dessous ; **dedesubtul** *[(+ génitif)]* au-dessous de
defect défaut, hors service
deget doigt
deja déjà
deloc pas du tout
dentist dentiste
dentişti (*pl de*) dentist
deocamdată pour le moment
deodorant déodorant
depanare service de dépannage
departe (de) loin (de)
depinde (de) ça dépend (de)
depozit fourrière
deranja déranger
des souvent
deschide ouvrir
deschis ouvert, clair
deschişi (*pl de*) deschis
deschizător décapsuleur
deschizător de conserve ouvre-boîtes
deschizător de sticle ouvre-bouteilles
descoperi découvrir
descurca ; **a se descurca** se débrouiller
desen dessin
despărţi séparer ; **a se despărţi** se séparer
destinatar destinataire
destinde ; **a se destinde** se détendre
destul assez, suffisamment ; **e destul să...** il suffit de...
deşi quoique
deşteptător réveil
detergent lessive
developa faire développer
deveni devenir
devreme tôt ; **mai devreme** en avance
dezagreabil désagréable
dezamăgit déçu
dezamăgitor décevant
dezinfecta désinfecter
dezumflat dégonflé
dialect dialecte
diapozitiv diapositive
diaree diarrhée ; **a avea diaree** avoir la diarrhée
diesel diesel
diferit différent
dimineaţă matin ; **bună dimineaţa** bonjour
dimpotrivă au contraire
din de
dinainte de devant ; **a pregăti dinainte** préparer à l'avance

dinte dent
dinţi *(pl de)* dinte
direct direct, directement
direcţie direction, sens ; **în direcţia** en direction de
direcţie asistată direction assistée
disc disque
disc dur disque dur
dischetă disquette
discotecă discothèque
dispărea disparaître
distra ; **a se distra** s'amuser
distractiv amusant, drôle
divorţat divorcé
doamnă madame ; **doamna Popescu** v
doar seulement
doctor docteur
doi deux
domn monsieur ; **domnul Popescu** Monsieur Popescu
domnişoară demoiselle ; **domnişoara Popescu** Mademoiselle Popescu
dop bouchon
dormi dormir
două *(f de)* doi
drăguţ joli, gentil
dreaptă droite ; **la dreapta** à droite (de)
drept droit, juste, exact ; **a avea dreptul să** avoir le droit de
drog drogue
drum route, voyage ; **drum bun!** bon voyage !
drumeţie randonnée ; **a face drumeţii/o drumeţie** faire de la/une randonnée
dublat doublé
duce emmener ; **a se duce la** aller à
dulce sucré
dulciuri sucreries
duminică dimanche
dumneavoastră vous, à vous, de vous *(de politesse)* ; **al/a dumneavoastră** le/la vôtre ; **ai/ale dumneavoastră** les vôtres *(voir grammaire)*
după après ; **după două ore** au bout de deux heures ; **după aceea** ensuite
după-amiază après-midi
dura durer
durată durée
durea ; **a-l durea inima/capul/gâtul/burta** avoir mal au cœur/à la tête/à la gorge/au ventre
durere douleur ; **a avea durere de dinţi** avoir mal aux dents
dus aller *(nom)*
dus-întors aller-retour
duş douche ; **a face duş** prendre une douche

E

ea elle
echipă équipe
efort effort ; **a face un efort** faire un effort
ei ils, eux ; **al/a ei** le sien/la sienne *(à elle)* ; **ai/ale ei** les siens/les siennes *(à elle)* *(voir grammaire)*
el il, lui
ele elles
electric électrique
emisiune émission
enerva énerver
enervant énervant
escaladare escalade
eşarfă écharpe
etaj étage
eu je, moi
euro euro
Europa (l')Europe
european européen
evident évident
Evul Mediu (le) Moyen Âge
exact exact, juste ; **exact înainte** juste avant
excepţional exceptionnel
exces excédent
excursie excursion
excursie organizată voyage organisé
exemplu exemple ; **de exemplu** par exemple
expeditor expéditeur
explica expliquer
expoziţie exposition
expresie expression
exprima ; **a se exprima** s'exprimer

F

fabricat manual fait main
face faire ; **ce mai faceţi?** comment allez-vous ?
factură facture
faleză falaise
fals faux
familie famille
fapt fait ; **de fapt** en réalité, en fait
far phare
farfurie plat, assiette

farmacie pharmacie
farmacie de gardă pharmacie de garde
fată fille *(jeune femme)*
faţă face ; **faţă de pernă** taie d'oreiller
fără sans ; **fără un sfert** moins le quart
febră fièvre ; **a avea febră** avoir de la fièvre
februarie février
fel sorte, genre ; **ce fel de...** quel genre de... ? ; **la fel de bine ca** aussi bien que
fel de mâncare plat *(préparation)*
felicitări! félicitations !
felie tranche
femeie femme *(personne de sexe féminin)*
fereastră fenêtre
ferestre *(pl de)* fereastră
feri protéger ; **a se feri de** prendre garde à
fericire bonheur ; **din fericire** heureusement
fericit heureux
fermoar fermeture Éclair®
fese fesses
fete *(pl de)* fată
feţe *(pl de)* faţă
fi être
ficat foie
fiecare chaque ; **de fiecare dată** chaque fois ; **în fiecare zi** chaque jour
fier de călcat fer à repasser
fierbător chauffe-eau
fiică fille *(de ses parents)*
film film, pellicule photo
firmă firme
fiu fils
floare fleur
flori *(pl de)* floare
fluviu fleuve
foaie feuille *(de papier)*
foame ; **a-i fi foame** avoir faim
foarfece ciseaux
foarte très
foc feu ; **ai un foc?** tu as du feu ?
foc de artificii feu d'artifice
foen sèche-cheveux
foi *(pl de)* foaie
foiţă de ţigară papier à cigarette
folcloric folklorique
folie de aluminiu papier alu
folosi utiliser ; **a folosi la** servir à ; **a se folosi de** se servir de
folosinţă utilisation ; **de unică folosinţă** jetable
formă forme ; **în (plină) formă** en (pleine) forme
formidabil formidable
formular formulaire
fost ancien
fotbal football
fotografie photographie
fractură fracture
fragil fragile
francez français *(adj)*
francez, franţuzoaică Français, -e *(nom)*
franceză *[(nom)]* français *(langue) [(adj)]* ; *(f de)* francez
Franţa France
franţuzoaică *(f de)* francez *(nom)*
frate frère
frază phrase
frâna freiner
frână frein
frânt brisé, épuisé (de fatigue)
frică ; **a-i fi frică (de)** avoir peur (de)
frig froid ; **e frig** il fait froid ; **a-i fi frig** avoir froid
frigider frigidaire®
fript cuit
frizer coiffeur
fruct fruit
frumoasă *(f de)* frumos
frumos beau ; **e frumos (afară)** il fait beau
frumoşi *(pl de)* frumos
frunte front
frunză feuille *(de plante)*
fular foulard
fuma fumer
fumător fumeur
fumători fumeurs *(espace)*
fund fond ; **în fundul** au fond de
fura voler
furculiţă fourchette
furnică fourmi
furt vol, cambriolage
furtună tempête, orage
fustă jupe

G

galben jaune
galerie galerie
garaj garage *(parking)*
garanţie garantie
gară gare
garsonieră studio
gata prêt ; **a fi gata** être prêt ; **a fi gata de** être prêt à
gaură trou

gaz gaz
găină poule
gări (*pl de*) gară
găsi trouver ; **a se găsi** se trouver
găti cuire
găuri (*pl de*) gaură
găzdui héberger
gând pensée, idée ; **a avea de gând să** avoir l'intention de
gândac cafard
gândi ; **a se gândi la** réfléchir à, penser à
gât cou, gorge
geacă blouson
geacă de ploaie K-way®
geam vitre
geantă sac
geci (*pl de*) geacă
gel de duş gel douche
gemeni jumeaux
genial génial
genţi (*pl de*) geantă
genunchi genou(x)
ger gel
gheaţă glace
gheţuri (*pl de*) gheaţă
ghid guide *(personne, livre)*
ghiduri (*pl de*) ghid *(livre)*
ghid al spectacolelor guide des spectacles
ghips ; **a avea mâna/piciorul în ghips** avoir le bras/la jambe dans le plâtre
ghizi (*pl de*) ghid *(personne)*
ginecolog gynécologue
gleznă cheville
goală (*f de*) gol
goană ; **în goană** à toute vitesse
goi (*pl de*) gol
gol vide, nu
gospodărie ferme
gotic gothique
grad degré
grame grammes
graniţă frontière
gras gras
gratuit gratuit
grav grave
grăbi ; **a se grăbi** se dépêcher
grăbit pressé
grădină jardin
grădina zoologică zoo
grătar barbecue ; **la grătar** sur le grill, au grill
grea (*f de*) greu
greaţă ; **a-i fi greaţă** avoir la nausée
grele (*pl de*) grea
greşeală erreur, faute
greşeli (*pl de*) greşeală
grei (*pl de*) greu
greu difficile, lourd, dur ; **cu greu** difficilement ; **a-i fi greu să...** avoir du mal à...
gri gris
grijă soin, souci ; **a avea grijă de** prendre soin de ; **a-şi face griji** se faire du souci
gripă grippe
gripă intestinală grippe intestinale
groasă (*f de*) gros
groaznic affreux, épouvantable
gros gros
groşi (*pl de*) gros
grup groupe *(de choses)*
grupă groupe *(de personnes)*
gunoaie ordures
gură bouche
gust goût
gusta goûter *(v)*
gustare entrée, goûter, collation
gustări (*pl de*) gustare

H

habar ; **habar n-am** je n'en ai aucune idée
haină vêtement, veste
halbă (de bere) demi *(de bière)*
handicapat handicapé
hartă carte *(géographique)*
haşiş haschich
hărţi (*pl de*) hartă
hârtie papier
hârtie de cadouri papier cadeau
hârtie igienică papier toilette
hemoroizi hémorroïdes
homeopatie homéopathie
homosexual homosexuel
hostal auberge de jeunesse
hotel hôtel
hoţ voleur

I

ianuarie janvier
iarbă herbe
iarnă hiver
iată! voici !, voilà !
idee idée
ieftin bon marché
ieftinit en solde
ierburi (*pl de*) iarbă

ieri hier ; **ieri seară** hier soir
ieşi sortir
ieşire de siguranţă sortie de secours
imediat immédiatement, tout de suite ; **imediat!** un instant !
impermeabil imperméable
important important
imposibil impossible
impresie impression ; **a avea impresia că...** avoir l'impression que...
impresionant impressionnant
imprima imprimer
incendiu incendie
inclus compris ; **totul inclus** tout compris
indiferent ; **mi-e indiferent** ça m'est égal
inel bague
infecţie infection
informaţie renseignement
inimă cœur
iniţiale initiales
injecţie piqûre *(injection)*
insectă insecte
insecticid insecticide
insola ; **a face insolatie** prendre un coup de soleil
insolaţie insolation
insomnie insomnie
instalator plombier
insulă île
insultă insulte
intenţionat exprès
interesant intéressant
internaţional international
interzis interdit
interzişi *(pl de)* interzis
intoxicaţie alimentară intoxication alimentaire
intra entrer
intrare entrée
invita inviter
iolă voile, planche à voile ; **a face iolă** faire de la voile/de la planche à voile
istorie histoire *(passé)*
iubi aimer *(d'amour)*
iulie juillet
iunie juin
îi les *(pronom)*, lui *(voir grammaire)*
îl le *(pronom, voir grammaire)*
îmbarca embarquer
îmbarcare embarquement
îmbolnăvi ; **a se îmbolnăvi** tomber malade
îmbrăca ; **a se îmbrăca** s'habiller
îmbrăţişa embrasser
îmi me *(voir grammaire)*
împărţi partager
împinge pousser
împotriva *(+ datif)* contre
împrejurimi ; **în împrejurimi** dans les environs
împreună ensemble ; **împreună cu** avec
împrumuta ; **a împrumuta cuiva** prêter à qn ; **a (se) împrumuta de la cineva** emprunter à qn
în en, dans ; **în oraş** en ville ; **în faţa** devant, en face (de)
în altă parte ailleurs
înainte (de) avant (de) ; **tot înainte** tout droit
înalt haut, grand
înapoi ; **a da înapoi** rendre
înăuntru à l'intérieur, dedans
încă encore ; **nu încă** pas encore
încăierare bagarre
încălţăminte chaussures
încălţăminte de mers chaussures de marche
încălzire chauffage
încărca recharger
încântat enchanté, ravi ; **încântat să vă cunosc!** ravi de faire votre connaissance !
începător débutant
începând din à partir de
începe commencer
început début ; **la început** au début ; **la începutul** *(+ génitif)* au début de
încerca essayer
încet lentement ; **a vorbi încet** parler bas/doucement
încetul cu încetul petit à petit
încheietura mâinii (le) poignet
închide fermer, éteindre ; **magazinul se închide la...** le magasin ferme à...
închidere fermeture
închiria louer
închiriere location *(de logement)*
închis fermé, foncé
încredere confiance
îneca ; **a se îneca** se noyer
îngheţată glace
înot natation
înota nager
înregistra enregistrer
înregistrare enregistrement
însămi ; **eu însămi** moi-même *(femme)*
însărcinată enceinte
însăşi ; **ea însăşi** elle-même
înscrie ; **a se înscrie** s'inscrire

însemna signifier ; **ce înseamnă (asta)?** qu'est-ce que cela veut dire ?
însoţi accompagner
înspăimântător épouvantable, effrayant
însumi ; **eu însumi** moi-même *(homme)*
însuşi ; **el însuşi** lui-même
înşela ; **a se înşela** se tromper
întâlni ; **a (se) întâlni pe/cu cineva** rencontrer quelqu'un ; **a se întâlni** se retrouver
întâlnire rendez-vous
întâmpla ; **a se întâmpla** arriver
întâmplare hasard ; **din întâmplare** par hasard ; **la întâmplare** au hasard
întârziat retardé
întârziere retard ; **a fi în întârziere** être en retard
întoarce ; **a se întoarce** revenir, rentrer, être de retour ; **a întoarce o maşină** faire demi-tour *(en voiture)*
întoarcere retour
într-adevăr vraiment
între entre
întreagă *(f de)* întreg
întreba pe demander à
întrebare question ; **a pune o întrebare** poser une question
întrebări *(pl de)* întrebare
întreg entier
întregime ; **în întregime** en entier
întreprindere entreprise
într-o *(voir)* într-un
întrucât puisque
într-un/într-o ; **într-o oră** dans une heure
înţelege comprendre
înţepa piquer ; **a fi înţepat (de)** se faire piquer (par)
înţepătură piqûre *(d'insecte)*
învăţa apprendre
îţi te *(voir grammaire)*
jefuială arnaque
joc jeu
joi jeudi
jos bas, en bas ; **partea de jos** le bas ; **pe jos** par terre ; **a merge pe jos** aller à pied
josnic bas *(adj)*
juca ; **a juca** danser *(en milieu rural)* ; **a se juca** jouer
jucărie jouet
jumătate demi, moitié ; **o jumătate de litru/kilogram/oră** un demi-litre/-kilo/-heure ; **o oră şi jumătate** une heure et demie

K

kilometru kilomètre

L

la à, chez ; **la est (de)** à l'est (de) ; **la mine (acasă)** chez moi
lac lac
ladă caisse
lamă de ras lame de rasoir
lampă lampe
lanternă lampe de poche
lanţ chaîne
lapte lait
lapte hidratant lait hydratant
larg large
latură côté
lămpi *(pl de)* lampă
lăsa laisser ; **vă las la gară** je vous dépose à la gare ; **lăsaţi-mă în pace!** laissez-moi tranquille !
lână laine
lângă à côté de
lăzi *(pl de)* ladă
le les *(pronom)*, leur *(pronom) (voir grammaire)*
legătură lien, liaison ; **a lua legătura cu cineva** contacter quelqu'un
lei *(pl de)* leu
lemn bois *(matière)*
lenjerie sous-vêtements
lentile de contact lentilles de contact
lep-top ordinateur portable
leşina s'évanouir
leu leu *(monnaie roumaine)*
leucoplast sparadrap
liber libre
librărie librairie
lift ascenseur
limbă langue
lingură cuillère
linguriţă cuillère à café
linie de autobuz/metrou ligne de bus/métro
linişte silence
liniştit tranquille, calme
lipici colle
lipsi manquer
lista de bucate menu, carte
literă lettre *(de l'alphabet)*
litru litre

loc lieu, place ; **în loc de** au lieu de ; **pe loc** sur place
loc de parcare place de parking
local de noapte boîte de nuit
locui habiter
locuri ; **nu mai sunt locuri** c'est complet
logodnic fiancé
lor leur, leurs ; **al/a lor** le/la leur ; **ai/ale lor** les leurs *(voir grammaire)*
lua prendre
lucra travailler
lucrări travaux
lucru chose, travail
lui ; **al/a lui** le sien/la sienne *(à lui)* ; **ai/ale lui** les siens/les siennes *(à lui) (voir grammaire)*
lumânare bougie
lume monde ; **e multă lume** il y a du monde ; **toată lumea** tout le monde
lumină lumière
luminos clair
lună mois, lune
lună de miere lune de miel
luni lundi

M

magazin magasin, commerce
mahmureală gueule de bois
mai plus, encore ; **mai bun** meilleur ; **mai bine decât** mieux que ; **mai bine să...** il vaut mieux (que)... ; **mai degrabă** plutôt ; **mai întâi** d'abord ; **mai mult că** plus que ; **și mai mult** encore plus ; **mai mulți/multe** plusieurs ; **mai puțin** moins ; **mai puțin decât** moins que
majoritatea *(+ génitif)* la plupart (de)
mamă mère
mandat international mandat international
mapă carte
mare *(adj)* grand, âgé
mare *(nom)* mer ; **Marea Neagră** (la) mer Noire
marfă marchandise
margine bord ; **la marginea mării** au bord de la mer
maro marron
martie mars
marți mardi
masă table, repas
mașină voiture
mașină de spălat machine à laver
mașină de spălat vasele lave-vaisselle
material matériel
matur mûr
maxim maximum
ma me *(voir grammaire)*
măcelărie boucherie, charcuterie
mănușă gant
mănușă de baie gant de toilette
mări *(pl de)* mare
mărime taille
mărunt monnaie ; **a da mărunt** faire de la monnaie
măsură pointure
mătase soie
mâine demain ; **pe mâine!** à demain ! ; **mâine seară** demain soir
mâini *(pl de)* mână
mână main
mânăstire monastère, abbaye
mânca manger
mâncare nourriture ; **a face de mâncare** faire la cuisine
mândru fier
mânecă manche
mea ma ; **a mea** la mienne *(voir grammaire)*
meci match
medic médecin
medicament médicament
medieval médiéval
mediu moyen *(adj)*
mei mes ; **ai mei** les miens *(voir grammaire)*
mele mes ; **ale mele** les miennes *(voir grammaire)*
meniu menu, carte
mereu toujours
merge aller, marcher ; **a merge la gară** aller à la gare
merită ça vaut le coup
mers marche *(à pied)*
mesaj message
meserie métier, profession
metrou métro
metru mètre
meu mon ; **al meu** le mien *(voir grammaire)*
mezeluri charcuterie *(produit)*
mic petit
mic-dejun petit déjeuner ; **a lua micul-dejun** prendre le petit déjeuner
miercuri mercredi
miezul nopții minuit
mijloace *(pl de)* mijloc

mijloc milieu, moyen ; **în mijlocul** *(+ génitif)* au milieu de
minge ballon, balle
minim minimum
minţi mentir
minunat merveilleux
minut minute
miros odeur
mirosi sentir ; **a mirosi frumos/urât** sentir bon/mauvais
moartă *(f de)* mort
mod manière
modă mode ; **la modă** à la mode
modern moderne
Moldova Moldavie
molipsitor contagieux
moment moment ; **din momentul în care** à partir du moment où ; **în momentul de faţă** en ce moment
monedă pièce de monnaie
monezi *(pl de)* monedă
monoschi monoski
monument monument
mort mort
morţi *(pl de)* mort
motoare *(pl de)* motor
motocicletă moto
motor moteur
motoretă mobylette®
mouse souris *(d'ordinateur)*
mult/multă beaucoup (de) ; **mult mai mult** beaucoup plus ; **mult timp** longtemps
mulţi/multe *(pl de)* mult/multă
mulţumesc merci ; **mulţumesc frumos** merci beaucoup ; **nu, mulţumesc** non merci
mulţumi ; **a mulţumi cuiva** remercier quelqu'un
muncă travail
munte montagne
munţi *(pl de)* munte
murdar sale ; **rufe murdare** linge sale
murdări salir ; **a se murdări** se salir
muri mourir
muscă mouche
mustaţă moustache
muşcătură morsure
muşchi (*(pl)* muşchi) muscle
muşte *(pl de)* muscă
muzeu musée
muzică musique

nas nez
nasture bouton
naşte accoucher de ; **a se naşte** naître ; **m-am născut la Paris** je suis né à Paris
natură nature
naţionalitate naţionalité
ne nous *(voir grammaire)*
neagră *(f de)* negru
necăsătorit célibataire
necesar nécessaire
nefumători non-fumeurs *(espace)*
negru noir
neînţelegere malentendu
nelinişti ; **a se nelinişti** s'inquiéter
nepoliticos impoli
nervos nerveux, en colère
neseser trousse de toilette
neuitat ; **de neuitat** inoubliable
nevoie besoin ; **a avea nevoie de** avoir besoin de
nicăieri nulle part
nici ; **nici... nici...** ni... ni... ; **nici eu** moi non plus
nici un/o aucun, -e
niciodată jamais
nimeni personne *(pronom)*
nimic rien
ninge neiger
nisip sable
nişte des, du, de la *(voir grammaire)*
noapte nuit ; **noapte bună** bonne nuit
noastră notre ; **a noastră** la nôtre *(voir grammaire)*
noastre nos ; **ale noastre** les nôtres *(voir grammaire)*
noi nous
noiembrie novembre
nopţi *(pl de)* noapte
nor nuage
nord nord ; **la nord (de)** au nord (de)
normal normal
noroc chance ; **noroc!** bonne chance !, à tes/vos souhaits !
noroi boue
nostru notre ; **al nostru** le nôtre *(voir grammaire)*
noştri nos ; **ai noştri** les nôtres *(voir grammaire)*
nota noter
notă de plată addition
nou neuf, nouveau ; **din nou** à nouveau
nu non, ne... pas

numai seulement ; **numai bine!** bonne continuation ! ; **numai bun** à point
număr nombre, numéro, taille
număr de telefon numéro de téléphone
număr înmatriculare numéro d'immatriculation
număra compter
nume nom
nume de familie nom de famille
numele anterior căsătoriei nom de jeune fille
numere (*pl de*) număr
numi ; **a se numi** s'appeler ; **cum te numeşti?** comment t'appelles-tu ?

O

o *[(article indéfini)]* (*f de*) un ; *[(pronom)]* la *(voir grammaire)*
oală pot, casserole
oameni (*pl de*) om ; **oamenii** les gens
oarbă (*f de*) orb
oaspete invité
oaspeţi (*pl de*) oaspete
obicei habitude ; **de obicei** d'habitude ; **a avea obiceiul (să)** avoir l'habitude (de)
obiectiv objectif
obosit fatigué
ocazie occasion ; **de ocazie** d'occasion
ocean océan
ochelari lunettes
ochelari de soare lunettes de soleil
ochi œil, yeux
octombrie octobre
ocupa ; **a se ocupa de cineva** s'occuper de quelqu'un ; **a se ocupa cu ceva** s'occuper de quelque chose
ocupat occupé
odihni ; **a se odihni** se reposer
ofensat vexé
oferi offrir
oficiu de turism office de tourisme
oglindă glace, miroir
oglinzi (*pl de*) oglindă
omorâ tuer
opera ; **a se opera** se faire opérer
operă opéra
operă de artă œuvre d'art
opri s'arrêter
oprire arrêt ; **fără oprire** sans arrêt
optometrist opticien
orar horaire
oraş ville
oră heure ; **la ce oră?** à quelle heure ? ; **la ora cinci** à cinq heures
orb aveugle
orchestră orchestre
organiza organiser
ori ; **de două/trei ori** deux/trois fois ; **de mai multe ori** plusieurs fois
oribil horrible
orice n'importe quoi
oricine n'importe qui
oricum de toute façon, n'importe comment
oase (*pl de*) os
os os
osteneală fatigue, peine ; **merită osteneala** ça vaut la peine

P

pachet colis, paquet
pacient patient
pagină page
pahar verre
palat palais
palid pâle
palizi (*pl de*) palid
paltoane (*pl de*) palton
palton manteau
pană panne, plume ; **a rămâne în pană de benzină** tomber en panne d'essence
panou panneau
pansament pansement, gaze
pantalon pantalon
pantofi chaussures
papetărie papeterie
parc parc
parca garer ; **a se parca** se garer
parcare parking
parcări (*pl de*) parcare
parte partie ; **a face parte din** faire partie de
parter rez-de-chaussée
pasăre oiseau, volaille
păsări (*pl de*) pasăre
pastă pâte
pastă de dinţi dentifrice
paşapoarte (*pl de*) paşaport
pasaport passeport
Paşte Pâques ; **Paşte fericit!** joyeuses Pâques !
pat lit
pată tache
patiserie pâtisserie *(magasin)*

patron patron
pauză entracte
paznic gardien
păcat péché ; **e păcat!** c'est dommage ! ; **din păcate** malheureusement
pădure bois, forêt
păianjen araignée
pălărie chapeau
pălărie de soare chapeau de soleil
pământ terre
păr cheveux, poil
părăsi quitter
părea paraître ; **se pare că...** il paraît que... ; **mi se pare că...** il me semble que... ; **îmi pare bine!** enchanté(e) !
părere avis
părinți parents
părți (*pl de*) parte
păstra garder
păstrat préservé
pătură couverture
pâine pain
până la jusqu'à
pânză toile
pe sur *indicateur de l'objet direct prépositionnel (voir grammaire)* ; **pe care** que
peisaj paysage
pensie retraite ; **a ieși la pensie** prendre sa retraite
pensionar retraité ; **a fi pensionar** être à la retraite
pensiune completă pension complète
pentru pour ; **pentru că** parce que
periculos dangereux
perie brosse *(à cheveux)*
perie de dinți brosse à dents
periferie banlieue
perimat périmé
permis de conducere permis de conduire
permite permettre
pernă oreiller
peroane (*pl de*) peron
peron quai
persoană personne *(nom)*
personal personnellement, personnel
pescărie poissonnerie
peste tot partout
pește poisson
pete (*pl de*) pată
petrecere fête, soirée
piatră pierre
piață place, marché
pic ; **un pic (de)** un bout/peu (de)
picături gouttes
picior jambe, pied ; **a sta în picioare** (se) tenir debout
picioare (*pl de*) picior
pic-nic pique-nique ; **a face un pic-nic** pique-niquer
pictură peinture
piei (*pl de*) piele
piele peau, cuir
piept poitrine
pieptene peigne
pierde perdre ; **a pierde trenul** rater le train
piesă de schimb pièce de rechange
piesă de teatru pièce de théâtre
pieton piéton
pietonală ; **stradă pietonală** rue piétonne
pietre (*pl de*) piatră
piețe (*pl de*) piață
pijama pyjama
pijamale (*pl de*) pijama
pilula de a doua zi (la) pilule du lendemain
pilulă pilule
pipă pipe
pipi ; **a face pipi** faire pipi
piscină piscine
pisică chat
pistă pentru bicicliști piste cyclable
plajă plage ; **a face plajă** bronzer
plan plan ; **ce planuri aveți?** quels sont vos projets ?
plantă plante
plastic plastique
plat plat *(adj)*
plăcea ; **a-i plăcea** aimer *(apprécier)* ; **a-i plăcea mult** adorer ; **mi-ar plăcea să...** j'aimerais...
plăcere plaisir ; **a face plăcere** faire plaisir
plăcut agréable
plămân poumon
plăti payer
plânge pleurer ; **a se plânge de** se plaindre de
pleca s'en aller, partir
plecare départ
plecări (*pl de*) plecare
plic enveloppe, sachet
plictisi ; **a se plictisi** s'ennuyer
plictisitor embêtant, ennuyeux
plimba ; **a se plimba** se promener
plimbare promenade ; **a merge la plimbare** aller se promener

plin plein ; **face plinul** faire le plein d'essence
ploaie pluie
plombă plombage
ploscă gourde
ploşti *(pl de)* ploscă
ploua pleuvoir
poate peut-être
pocni éclater, claquer ; **a pocni un cauciuc** crever un pneu
pod pont
podea sol
poftă appétit, envie ; **poftă bună!** bon appétit !
poimâine après-demain
politicos poli
poliţie police
poliţist policier
poliţişti *(pl de)* poliţist
pompieri pompiers
popoare *(pl de)* popor
popor peuple
port port
portbagaj coffre *(de voiture)*
portmoneu porte-monnaie
portocaliu orange *(adj, couleur)*
portret portrait
porţi *(pl de)* poartă
posibil possible
poşetă sac à main
poştaş facteur
poştă bureau de poste, poste
poveste histoire *(récit)*
povesti raconter
poveşti *(pl de)* poveste
poză photo ; **a face poze** prendre des photos
practic pratique
praf poudre
prajitură pâtisserie *(gâteau)*
prânz déjeuner, midi ; **a lua prânzul** déjeuner *(v)* ; **la prânz** à midi
prea trop ; **prea mult** trop de
precedent précédent
prefera préférer
preferat préféré
prefix indicatif
pregăti préparer
prenume prénom
preţ prix
prevedea prévoir
prezenta ; **a prezenta pe cineva** présenter quelqu'un
prezervativ préservatif
prieten ami, petit ami
prima *(f de)* primul
primărie mairie
primăvară printemps
primi recevoir
primitor accueillant
primul (le) premier
prin à travers, par
printre parmi
privi regarder
priză prise ; **a pune în priză** brancher
proaspăt frais
proba essayer
probabil probablement
problemă problème
produs produit
profesor, profesoară professeur
profita (de) profiter (de)
prognoza meteo (les) prévisions météo
program programme
programare ; **a face/avea o programare** prendre/avoir un rendez-vous *(médical)*
progres progrès ; **a face progrese** faire des progrès
promite promettre
pronunţa prononcer
proprietar propriétaire
propriu propre *(particulier)*
propune proposer
prosoape *(pl de)* prosop
prosop serviette (de toilette)
proteja protéger
pubelă poubelle
pulpă cuisse
punct point ; **a fi pe punctul de** être sur le point de
punct de reper point de repère
pune mettre
pungă sac plastique
purta porter ; **a se purta bine/rău** bien/mal se conduire
putea pouvoir *(v)*
puternic fort
puţin *(adj)* un peu, peu de ; **cel puţin/mult** au moins/tout au plus

R

rachetă raquette
rade ; **a se rade** se raser
radiografie radiographie
rahat crotte
raion rayon

rambursa rembourser
rană blessure, plaie
rar rare, rarement, lentement ; **vorbiți mai rar!** parlez plus lentement !
răbdător patient
răceală rhume
răci prendre froid
răcit enrhumé
răcoare frais, froid ; **e răcoare** il fait frais
răcoritor rafraîchissant
răi *(pl de)* rău
rămâne rester ; **rămâneți la telefon!** ne quittez pas !
răni *(pl de)* rană
rănit blessé
răsplată récompense
răspunde répondre
răspuns réponse
răsturna renverser
rătăci ; **a se rătăci** se perdre ; **a rătăci drumul** se tromper de chemin
rău *(adv)* mal
rău mauvais, méchant ; **e mai rău decât...** c'est pire que...
rău de mare mal de mer
războaie *(pl de)* război
război guerre
răzgândi ; **a se răzgândi** changer d'avis
râde rire *(v)*
rând tour ; **e rândul tău** c'est ton tour
râu rivière
rea *(f de)* rău
rele *(pl de)* rea
rece froid
recepție réception
recepționer, recepționeră réceptionniste
recipisă reçu
recomanda recommander
recomandat recommandé
recunoaște reconnaître
recunoscător reconnaissant
recuperare (a bagajelor) retrait (des bagages)
redeschide rouvrir
reducere réduction ; **face o reducere** faire un rabais
reduceri soldes
refugiu refuge
refuza refuser
regim régime
regiune région
regreta regretter
remarca remarquer
rent a car location *(de voitures)*
repara réparer ; **a duce la reparat** faire réparer
repatria rapatrier
repede vite
repeta répéter
rest ; **a da restul** rendre la monnaie
rețetă recette
reumatism rhumatismes
reuși ; **a reuși să** arriver à
revedea ; **a se revedea** se revoir
revedere ; **la revedere** au revoir
revistă revue, magazine
rezerva réserver
rezervat réservé
ridicare (a corespondenței) levée (postale)
rinichi rein(s)
risc risque
risca risquer ; **riscă să...** il risque de...
roată roue
roată de rezervă roue de secours
robinet robinet
robot répondeur
rochie robe
rog ; **te/vă rog** s'il te/vous plaît
român, româncă Roumain, -e *(nom)*
română roumain *(longue)*
româncă *(f de)* român
românească *(f de)* românesc
românesc roumain *(adj)*
românești *(pl de)* românesc *(et de)* românească
România (la) Roumanie
roșie *(f de)* roșu
roșii *(pl de)* roșu
roșu rouge
roți *(pl de)* roată
roz rosé *(adj)*
rucsac sac à dos
rufă linge
ruine ruines ; **în ruină** en ruines
rulotă caravane, camping-car
rupe casser ; **a-și rupe piciorul** se casser la jambe
rupt cassé
Rusia (la) Russie

S

sa sa ; **a sa** la sienne *(voir grammaire)*
saboți tongs
sac sac
sac de dormit sac de couchage
sac de gunoi sac poubelle

sală salle
sale ses ; **ale sale** les siennes *(voir grammaire)*
saltea matelas
saltele *(pl de)* saltea
salut! salut !
salva sauvegarder
sandale sandales
sare sel
sat village
sau ou
săgeată flèche
săgeţi *(pl de)* săgeată
săi ses ; **ai săi** les siens *(voir grammaire)*
sălbatic sauvage
săli *(pl de)* sală
sănătate santé ; **sănătate!** santé !
sănătoasă *(f de)* sănătos
sănătos en bonne santé, sain
sănătoşi *(pl de)* sănătos
săptămînă semaine ; **în timpul săptămânii** en semaine
săpun savon
sărac pauvre
sărat salé
sărbătoare fête (jour de fête)
sărbătoarea naţională (la) fête nationale
sărbători *(pl de)* sărbătoare
săruta embrasser ; **a săruta pe obraji (pe)** faire la bise (à)
sătura ; **a se sătura de** en avoir assez de
său son ; **al său** le sien *(voir grammaire)*
sâmbătă samedi
sân sein
sânge sang ; **în sânge** saignant *(viande)*
sângera saigner
scară escalier
scaun chaise, siège
scaun cu rotile fauteuil roulant
scădea diminuer, baisser
scări *(pl de)* scară
schi ski ; **a face schi** faire du ski
schimb échange, change ; **de schimb** de rechange
schimba changer ; **a schimba ceva cu altceva** échanger quelque chose contre autre chose
schimbare changement
scoate retirer, enlever, sortir ; **a scoate bani de la** retirer de l'argent de
scotch Scotch®
scrânti ; **a-şi scrânti glezna** se fouler/ tordre la cheville
scrie écrire ; **a scrie la calculator** taper à l'ordinateur
scrisoare lettre
scrisoare recomandată lettre en recommandé
scrisori *(pl de)* scrisoare
scrumieră cendrier
scufundare (subacvativă) plongée (sous-marine) ; **a face scufundări** faire de la plongée
sculptură sculpture
scump cher
scurgere fuite
scurt court
scurtătură raccourci
scutec couche
scuza (s')excuser ; **scuzaţi!** excusez-moi !
scuză excuse ; **a-şi cere scuze** s'excuser
seară soir, soirée ; **seara** le soir, dans la soirée ; **în seara asta** ce soir ; **bună seara** bonsoir
secetă sécheresse
secol siècle ; **în secolul al nouăsprezecelea** au XIXe siècle
secretar, secretară secrétaire
secţie de poliţie commissariat
secundă seconde
sejur séjour
semafoare *(pl de)* semafor
semafor pe roşu feu rouge
semipensiune demi-pension
semna signer
semnal réception *(sur portable)*
semnalizatoare *(pl de)* semnalizator
semnalizator clignotant
sens giratoriu rond-point
separat séparément
septembrie septembre
seri *(pl de)* seară
service garage, station-service
servici travail, emploi, service ; **a-i face un serviciu** rendre un service à
sete ; **a-i fi sete** avoir soif
sex sexe
sfat conseil ; **a-i cere sfatul** demander conseil (à)
sfătui ; **a sfătui (pe)** conseiller ; **a se sfătui cu** consulter
sfârşi finir
sfârşit fin ; **în sfârşit** enfin ; **la sfârşit** à la fin ; **la sfârşitul** *(+ génitif)* à la fin de
sfert quart ; **într-un sfert de oră** d'ici un quart d'heure
sforăi ronfler

siestă sieste ; **a-şi face siesta** faire la sieste
sigur sûr
siguranţă fusible, sécurité ; **în siguranţă** en sécurité
simpatic sympa
simplu simple
simţi ressentir ; **a se simţi bine/rău** se sentir bien/mal
sincer franchement
singur seul ; **un singur/o singură** un seul/une seule
situaţie situation
slab faible, maigre
slăbit faible, affaibli
slip slip de bain
slujbă messe
soare soleil ; **la soare** au soleil
somn ; **a-i fi somn** avoir sommeil
somnifer somnifère
soră sœur
surori *(pl de)* soră
sosi arriver
sosire arrivée
soţ mari
soţie épouse
sparge casser
spart crevé *(pneu)*
spate dos ; **în spatele** *(+ génitif)* derrière
spăla laver ; **a se spăla** se laver ; **a spăla rufele** faire la lessive ; **a spăla vasele** faire la vaisselle
spălătorie laverie
specialitate spécialité
specialităţi *(pl de)* specialitate
spectacol spectacle
spera espérer
spin écharde, épine
spital hôpital
sport sport
sportive sportif
spre vers, en direction de
spumă de ras mousse à raser
spune dire ; **a spune pe litere** épeler
sta rester ; **a sta jos/în picioare** être assis/debout ; **a-i sta bine cuiva** aller bien à quelqu'un
stabili o întâlnire prendre/fixer un rendez-vous
stadioane *(pl de)* stadion
stadion stade
stare état ; **în stare bună** en bon état
statuie statue
staţie station
staţie de benzină station-service
staţie de metrou station de métro
staţiune balneară station balnéaire
staţiune de schi station de ski
stări *(pl de)* stare
stâncă rocher
stângă gauche ; **la stânga** à gauche (de)
steag drapeau
sticlă bouteille
stil style
stilou stylo
stinge éteindre
stomac estomac
stradă rue
străzi *(pl de)* stradă
străin étranger
străinătate ; **în străinătate** à l'étranger
strâns serré
strica gâcher
stricat abîmé
student étudiant
studii études
sub sous
subtitrat sous-titré
subţire mince, fin, léger
suc jus
suc de fructe jus de fruit
succes succès
sud sud ; **la sud (de)** au sud (de)
suferi souffrir, supporter
suna sonner *(à la porte)*, appeler *(au téléphone)*
supăra ; **nu vă supăraţi!** excusez-moi de vous déranger !
supărat fâché, contrarié
supermarket supermarché
supliment supplément
suplimentar supplémentaire
suporta supporter
supozitoare *(pl de)* supozitor
supozitor suppositoire
surd sourd
sus en haut, là-haut
sută ; **o sută** cent, une centaine ; **sută la sută** cent pour cent
sutien soutien-gorge
suvenir souvenir *(objet)*
şah échecs
şampon shampooing
şapcă casquette
şcoală école
şcoli *(pl de)* şcoală
şedinţă réunion
şef chef
şemineu cheminée

şepci *(pl de)* şapcă
şervețel Kleenex®, serviette *(de table)*
şervețel de hârtie serviette en papier
şi et ; **şi eu** moi aussi
şnur lacet
şoarece souris
şoc choc
şocant choquant
şofer chauffeur
şold hanche
şort short
şosete chaussettes
şti savoir, connaître

T

ta ta ; **a ta** la tienne *(voir grammaire)*
tabără colonie de vacances
tabere *(pl de)* tabără
tablou tableau
tacâm couvert
tale tes ; **ale tale** les tiennes *(voir grammaire)*
talie taille *(partie du corps)*
tampoane *(pl de)* tampon
tampoane de urechi boules Quiès®
tampon serviette hygiénique
tare fort, dur ; **cafea tare** un café fort ; **vorbiți mai tare!** parlez plus fort !
tarif tarif, forfait
tarif întreg plein tarif
tarif redus tarif réduit
tată père
tați *(pl de)* tată
taxă taxe ; **fără taxe** hors taxes
tăi tes ; **ai tăi** *(voir grammaire)*
tăia couper ; **a se tăia** se couper
tău ton ; **al tău** le tien *(voir grammaire)*
tânăr, tânără jeune
târg foire
târziu tard ; **pe mai târziu** à tout à l'heure
te te *(voir grammaire)*
teatru théâtre
telecabină remontée mécanique
teleferic téléphérique
telefon téléphone ; **a da un telefon** passer un coup de fil
telefon mobil téléphone portable
telefona téléphoner
telescaun télésiège
teleschi tire-fesses
televizor télévision
temperatură température
temporar temporaire
tenis tennis
tenişi tennis *(chaussures)*
tensiune tension
terasă terrasse
teren terrain
terminal terminal
termometru thermomètre
termos Thermos®
tigaie poêle
tigăi *(pl de)* tigaie
timbru timbre
timp temps ; **a avea timp să** avoir le temps de ; **timp de o oră** pendant une heure ; **în timp ce** pendant que ; **tot timpul** tout le temps ; **în timpul** *(+ génitif)* pendant
tineri *(pl de)* tânăr
tip type *(sorte, homme)*
tipi *(pl de)* tip *(homme)*
tipic typique
tipuri *(pl de)* tip *(sorte)*
tirbuşon tire-bouchon
toamnă automne
toată *(f de)* tot
toate *(f de)* toți
tot tout ; **toată lumea** tout le monde ; **toată ziua** toute la journée
totuşi quand même, cependant
toți tous
trabuc cigare
tradiție tradition
tradițional traditionnel
traduce traduire
trage tirer
tramvai tramway
traversa traverser
trăi vivre
treaptă marche *(d'escalier)*
trebui falloir ; **trebuie să...** il faut que...
trece passer
trecere ; **a fi în trecere** être de passage
trecut passé ; **anul trecut** l'année dernière
tren train
trepte *(pl de)* treaptă
trezi réveiller ; **a se trezi** se réveiller
tricou tee-shirt
trimite envoyer
trimitere envoi
tu tu, toi
turist touriste
turistic touristique
turneu tournée
tuse toux

tuşi tousser
tutun tabac
tutungerie bureau de tabac
ţară pays ; **la ţară** à la campagne
ţări *(pl de)* ţară
ţânţar moustique
ţesut tissu
ţigară cigarette
ţigări *(pl de)* ţigară
ţine tenir

U

Ucraina Ukraine
ud mouillé
uimi étonner
uita oublier ; **a se uita la** regarder
ulei huile
ultim dernier ; **în ultimul moment** au dernier moment
umăr épaule
umbră ombre ; **la umbră** à l'ombre
umbrelă parapluie
umbrelă de soare parasol
umed humide
umeri *(pl de)* umăr
umeraş cintre
umezi *(pl de)* umed
umflat enflé
umflătură enflure, ampoule
umple remplir
un, uno un(e) *(article indéfini)*
una *(f de)* unu
unde où ; **de unde vii?** d'où viens-tu ?
undeva quelque part
unei d'une, à une *(voir grammaire)*
unele *(f de)* unii
uneori quelquefois
Ungaria Hongrie
unghie ongle
unii certains
Uniunea Europeană (l')Union européenne
universitate université
universităţi *(pl de)* universitate
unu, una un(e) *(nombre)*
unui d'un, à un *(voir grammaire)*
urare souhait, vœux ; **cu cele mai bune urări** meilleurs vœux
urări *(pl de)* urare
urât laid, affreux ; **vremea e urâtă** il fait très mauvais temps
ureche oreille
urgent urgent
urgenţă urgence ; **în caz de urgenţă** en cas d'urgence ; **a suna la urgenţe** appeler les urgences
urma suivre
următor suivant, prochain ; **coborâţi la staţia următoare?** vous descendez au prochain arrêt ?
usca sécher
uscat sec ; **a pune la uscat** mettre à sécher
uşoară *(f de)* uşor
uşor léger, facile ; **uşor de făcut** facile à faire
util utile
uzi *(pl de)* ud
uzină usine

V

vacanţă vacances *(scolaires)* ; **a fi în vacanţă** être en vacances
vaccinat ; **a fi vaccinat împotriva** être vacciné contre
vagon voiture, wagon
val vague
valabil valable
valabilitate validité ; **în termen de valabilitate** en cours de validité
vale vallée
valiză valise
valora valoir
valută devise
vamă douane
vapoare *(pl de)* vapor
vapor bateau
vară été
vas récipient
vată coton *(hydrophyle)*
vă vous *(voir grammaire)*
văduv veuf
văi *(pl de)* vale
vămi *(pl de)* vamă
vânătaie bleu *(hématome)*
vânătăi *(pl de)* vânătaie
vânt vent
vânzare vente ; **de vânzare** à vendre
vânzător, vânzătoare vendeur/marchand, vendeuse/marchande
vârf sommet
vârstă âge
vechi ancien, vieux
vecin voisin
vedea voir
vedere carte postale
vedere spre mare vue sur la mer

Dictionnaire ROU-FR

veni venir
ventilator ventilateur
verde vert(e)
verifica vérifier
verzi *(pl de)* verde
vest ouest ; **la vest (de)** à l'ouest (de)
veste nouvelle
vestiar vestiaire
veşti *(pl de)* veste
veterinar vétérinaire
viaţă vie
video vidéo
vie *(f de)* viu
viespe guêpe
vieţi *(pl de)* viaţă
vii *(pl de)* viu
vilă villa
vin vin ; **vin alb/roşu/rosé** vin blanc/rouge/rosé
vină faute ; **e din vina mea** c'est de ma faute
vinde vendre
vindeca ; **a se vindeca** guérir
vineri vendredi
viol viol
violet violet
virament (bancar) virement (bancaire)
vis (*(pl)* -e *(ou)* -uri) rêve
visa rêver ; **a visa pe cineva** rêver de qn ; **a visa ceva** rêver de qch
viteză vitesse
vitralii vitraux
vitrină vitrine
viu vivant
viză visa
vizita visiter
vizită visite ; **a face o vizită la** rendre visite à
vizită ghidată visite guidée
voastră votre ; **a voastră** la vôtre *(voir grammaire)*
voastre vos ; **ale voastre** les vôtres *(voir grammaire)*
voce voix
voi vous *(sujet collectif)*
volei volley-ball
vomita vomir
vorbi parler
vostru votre ; **al vostru** le vôtre *(voir grammaire)*
voştri vos ; **ai voştri** les vôtres *(voir grammaire)*
vrea vouloir
vreme temps ; **la vremea aceea** à ce moment-là, à cette époque-là

W

WC W-C
week-end week-end
Yugoslavia (la) Yougoslavie

Z

zahăr sucre
zăpadă neige
zăvor verrou
zbor vol
zbura voler
zero zéro
zgomot bruit ; **a face zgomot** faire du bruit
zgomotos bruyant
zi jour, journée ; **bună ziua!** bonjour !
zi liberă jour férié
ziar journal
zice dire ; **se zice că...** on dit que...
zid mur
ziduri de apărare remparts
zile *(pl de)* zi
zonă zone, coin

FÊTES ET JOURS FÉRIÉS

Jours fériés nationaux

pendant les quelques jours fériés nationaux (**zile de sărbătoare**), les administrations, les banques et les musées ainsi que la plupart des commerces et des bureaux sont fermés.

1er et 2 janvier	**Anul nou** (nouvel an)
avril-mai	**Prima şi a doua zi de Paşti** (1er et 2e jours des Pâques orthodoxes)
1er mai	**Ziua Muncii** (fête du travail)
1er décembre	**Ziua națională** (célébration de l'unification roumaine)
25 décembre	**Crăciunul** (Noël), **Noaptea de Crăciun** (soir de Noël)

Fêtes et festivals

outre les festivals, il existe en milieu rural des coutumes calendaires ou occasionnelles très nombreuses et variées selon les régions. Certaines de ces coutumes locales ont été "folklorisées" (parfois à leur détriment) et intégrées à des festivals organisés de grande ampleur.
Pour n'en citer que quelques-uns :

24 décembre-7 janvier	Coutumes villageoises de Noël et du nouvel an (mascarades, chants de quête appelés colinde) : en milieu rural ainsi que dans le cadre du Festival de Bacău (Moldavie du sud), des groupes villageois présentent des mascarades traditionnelles (se renseigner auprès du Musée du Paysan ou de l'Institut d'ethnographie et de folklore Constantin Brăiloiu de Bucarest).
24 janvier	Célébration, dans l'ensemble du pays, de l'union des principautés.
février	Fête de la neige dans les Carpates.
24 février	**Ziua îndrăgostiților** jour des amoureux.
1er mars	Traditionnellement, on offre aux jeunes filles et aux femmes un mărțişor (litt. "petit mars"), petit cadeau présenté avec un cordonnet torsadé de fil rouge et blanc.

début mai	Festival international de jazz de Sibiu.
1er dimanche de mai	**Tînjaua de pe Mara**, coutume agraire pratiquée dans le Maramureş et devenue une fête folklorique : labourage rituel avec un char à bœufs orné et festivités.
	Sîmbra oilor, coutume qui autrefois consistait à mesurer la quantité de lait produite par les meilleures brebis : désormais foklorisée, elle donne lieu à un important rassemblement festif dans le Maramureş.
fin mai	Rituel des Căluşari (troupes de danseurs virtuoses) pratiqué dans les villages des départements Olt et Dolj : ancienne pratique de guérison avec transe, danse et musiques populaires, proclamée "Chef-d'œuvre du Patrimoine immatériel de l'humanité" par l'UNESCO en 2005.
début juin	Festival international de théâtre de Sibiu.
21 juin	Fête de la musique dans toute la Roumanie et, tout particulièrement, au Musée du Paysan de Bucarest (Muzeul Ţăranului), où vous pourrez entendre de la musique traditionnelle de qualité.
29 juin	Foire de l'artisanat populaire au Musée du village de Bucarest (Muzeul Satului).
25 juillet	Festival médiéval de Sighişoara (bourg médiéval de Transylvanie).
20-21 juillet	**Târgul de fete**, "foire aux filles à marier" : près du village Avram Iancu, grand rassemblement traditionnel en montagne (Muntele Găina), avec folklorisation d'une ancienne coutume.
18-22 août	**Hora de la Prislop** (litt. "danse en ronde de Prislop"), festival de traditions populaires dans le Maramureş Bistrita-Năsaud et de Boukovine à Prislop.
septembre	Festival international George Enesco, tous les deux ans à Bucarest, autour d'un concours international pour violon et piano. George Enesco, né en Roumanie et mort à Paris, fut l'un des plus grands violonistes du XXe siècle et reste un illustre compositeur.

ADRESSES ET NUMÉROS UTILES

Avant de partir, vous pouvez obtenir bon nombre d'informations auprès des organismes suivants :

En France

Ambassade de Roumanie à Paris
5, rue de l'Exposition 75343 Paris cedex 07
Ouvert du lundi au jeudi de 9h à 14 h et le vendredi de 9h à 12h
Téléphone : 01 47 05 27 55 / 01 47 05 29 66
Site Internet : www.amb-roumanie.fr

Office du tourisme roumain
7, rue Gaillou 75002 Paris
Ouvert du lundi au vendredi de 9h30 à 17h30
Téléphone : 01 40 20 99 33

En Belgique

Ambassade de Roumanie à Bruxelles
Rue Gabrielle, 105, Bruxelles 1180
Ouvert du lundi au vendredi, 8h30-12h30 et 14h30-18h30
Téléphone : 02 345 26 80
E-mail : consulat@roumanieamb.be

Office du tourisme roumain à Bruxelles
6 rue Montoyer, 1er étage, Bruxelles 1040
Téléphone : 02 502 46 42
E-mail : tourisme.roumain@skynet.be

En Suisse

Office du tourisme roumain
Schweizergasse 10, CH 8001 Zurich
Téléphone : 01 211 17 30
E-mail : romtourism@cyberlink.ch

Ambassade de Roumanie à Berne
Kirchensfeldstrasse 78, 3005 Berne
Ouvert le lundi, le mercredi et le vendredi de 9h à 12h, et le mardi de 14h à 17h.
Téléphone : 41 31 352 53 00
Site Internet : roembassy-berne.ew.ro

En Roumanie

Ambassade de France en Roumanie
Strada Biserica Amzei Nr. 13-15, sector I, Bucureşti, COD 010392
Ouvert au public du lundi au vendredi de 8h30 à 13h
Téléphone : 21 303 10 00
Site Internet : www.ambafrance-ro.org

Oficiul national de turism Carpati
Bulevardul Gh. Magheru Nr. 7, Bucureşti, COD 70161
Téléphone : 21 3 14 51 60
www.outcarpati.ro

Institut français de Bucarest
Bulevardul Dacia Nr. 77, Bucureşti, COD 020051
Ouvert du lundi au jeudi 10h30-13h et 14h-17h, et le vendredi 10h-13h et 13h30-16h30. Le samedi 10h30-14h.
Téléphone : 374 125 200

Numéro de téléphone d'urgence : 112

Renseignements : 118 932

Police : 112

Pompiers : 112

Ambulances : 112

HARRAP'S
Arrêtez de parler avec les mains !

Avec la collection « **Parler en voyage** », retrouvez tous les mots et expressions pour faciliter votre voyage et vous permettre de vous exprimer en toute situation.

Dans la même collection

Parler en voyage **allemand**
Parler en voyage **arabe**
Parler en voyage **brésilien**
Parler en voyage **bulgare**
Parler en voyage **chinois**
Parler en voyage **coréen**
Parler en voyage **croate**
Parler en voyage **danois**
Parler en voyage **espagnol**
Parler en voyage **espagnol en Amérique latine**
Parler en voyage **finnois**
Parler en voyage **grec**
Parler en voyage **hindi**
Parler en voyage **hongrois**
Parler en voyage **indonésien**
Parler en voyage **italien**
Parler en voyage **japonais**
Parler en voyage **néerlandais**
Parler en voyage **norvégien**
Parler en voyage **polonais**
Parler en voyage **portugais**
Parler en voyage **russe**
Parler en voyage **suédois**
Parler en voyage **tchèque**
Parler en voyage **thaï**
Parler en voyage **turc**
Parler en voyage **vietnamien**

Crédits photographiques

© fotolia.com : agneskantaruk - Aibert Ziganshin - Alex_Mac - alexionas - ana malin - axentevlad - Brad Pic - camilla wisbauer - Catalin Petolea - Christian Draghici - Ciaobucarest - daboost - Dessie - Edyta Pawlowska - Elsa Becke - Florin Cnejevici - GABRIELA SAUCIUC LUPU - Geneviève MARX - Jinga Ion - jose francisco jimenez meca - Julien Leblay - Konstantinos Michail - kontur-vid - ktsdesign - Martin Bangemann - MIHAI PETRE - nuttakit - Patrice BOUCHER - Radu Bercan - RG/AgenceDer - Sebalos - stanok - Szilagyi Palko Pal - Thomas Launoi - Thomas Launois - tigatelu - Varsescu - warmcolors

© thinkstockphotos.fr : Alexandru Nika - Andrea Skjold - Aquir - arogant - BSANI - CristianSabau - Denyshutter - emicristea - Falk Kienas - fcdb - ferrerivideo - florin1961 - Gladwin Gohil - Hud1ai2 - ioannicolae - Jupiterimages - Liubomir Turcanu - Mihai Simonia - Olaru Radian - alexandru - Radu Razvan - radu984 - richcat - Serghei Starus - Smithore - Tashatuvango - tupungato - uptonpark - Vladone -

Dépôt légal : mai 2014
Imprimé en Espagne par Unigraf
314189-02/11033221-mai 2016